本报告为

国家文物局"考古中国"之"河套地区聚落与社会研究"

项目课题成果之一

本书的出版得到

教育部人文社会科学重点研究基地北京大学中国考古学研究中心

经费资助

桥村遗址调查与研究
（2018~2019）

北京大学中国考古学研究中心
甘肃省文物考古研究所 编著

张 海　周 静　主编

文物出版社
北京·2021

图书在版编目（CIP）数据

桥村遗址调查与研究. 2018~2019 / 北京大学中国考古学研究中心, 甘肃省文物考古研究所编著; 张海, 周静主编. -- 北京：文物出版社, 2021.9

ISBN 978-7-5010-6902-6

Ⅰ.①桥… Ⅱ.①北… ②甘… ③张… ④周… Ⅲ.①居住遗址—考古调查—发掘报告—甘肃 Ⅳ.①K878.35

中国版本图书馆CIP数据核字（2020）第242228号

审图号：GS（2021）6037号

桥村遗址调查与研究（2018~2019）

编　　著：北京大学中国考古学研究中心
　　　　　甘肃省文物考古研究所
主　　编：张　海　周　静

责任编辑：黄　曲
封面设计：程星涛
责任印制：张　丽

出版发行：文物出版社
社　　址：北京市东城区东直门内北小街2号楼
邮　　编：100007
网　　址：http：//www.wenwu.com
邮　　箱：web@wenwu.com
经　　销：新华书店
印　　刷：河北鹏润印刷有限公司
开　　本：787mm×1092mm　1/16
印　　张：8.5
版　　次：2021年9月第1版
印　　次：2021年9月第1次印刷
书　　号：ISBN 978-7-5010-6902-6
定　　价：180.00元

Archaeological Report for 2018-2019 field survey and research of Qiaocun Site, Gansu, China

Compiled by

Centers for the Study of Chinese Archaeology, Peking University
Institute of Cultural Heritage and Archaeology, Gansu Province

Chief Editor

Zhanghai   Zhoujing

Cultural Relics Press
Beijing · 2021

目　录

插图目录

第一章　绪　论

一、调查背景及意义

1923~1924 年，安特生以兰州为中心，对甘肃及青海地区的湟水、洮河流域进行了大范围的考古调查与发掘活动，开启了甘青地区史前遗址研究的序幕。新中国成立前夕，以夏鼐、裴文中为代表的一些学者在安特生考察的基础上，对甘肃渭河上游、西汉水流域继续进行了考古调查与发掘工作[1]。1956~1960 年，中国科学院考古研究所和甘肃省文物考古研究所开展了文物古迹普查工作，基本掌握了甘肃省境内各时代各类型的文化遗迹分布情况，并首次介绍了在泾河流域的平凉、泾川、庆阳、宁县等地分布的仰韶文化、齐家文化及周代遗址情况[2]，但相比以往资料较为丰富的洮河、渭河及西汉水流域，对泾河流域发现的史前遗址只是简单提及而未具体介绍。20 世纪 80 年代以来，随着学界对马家窑、齐家等甘青地区史前文化的深入研究，陇山（六盘山）地区的考古工作也得到了很大的进展，尤其是隆德页河子、天水师赵村和西山坪、武山傅家门、海原林子梁等遗址的发掘。尽管如此，学术界对陇东（陇山以东）地区龙山时代遗存的认识依然比较模糊。在文化属性上，以岐山双庵、灵台桥村为代表的遗存是归属于客省庄二期文化还是齐家文化仍存在争议，同时更缺乏对桥村等大型和高规格龙山时代聚落的深入认识，这使得陇东地区在中华文明多元一体格局中的重要地位欠缺深入阐发，其对中国文明起源的重要作用亟待进一步研究。（图 1-1）

从大的区域环境来讲，陇东地区地处黄土高原的东部边缘，同甘陕、晋中北、内蒙古中南部同属"半月形地带"，是连接欧亚草原与中国内陆的环境、生态和文化过渡地带，是公元前 3000 纪以来中西文化交流的关键区域，对推动中原地区的社会变革和华夏早期文明的演进具有重要意义[3]。近年，得益于"中华文明探源"等一些重大考古项目的开

[1] 夏鼐、吴良才：《兰州附近的史前遗存》，《中国考古学报》第 5 册，1951 年。裴文中：《甘肃史前考古报告》，《裴文中史前考古学论文集》，文物出版社，1987 年，第 208~255 页。

[2] 甘肃省博物馆：《甘肃古文化遗存》，《考古学报》1960 年第 2 期，第 11~52 页。

[3] Rawson, J. (2017). Shimao and Erlitou: New perspectives on the origins of the bronze industry in central China. *Antiquity* 91(355), E5: 1-5.

图 1-1　陇东地区主要龙山时代遗址分布图

展，河套地区龙山至青铜时代的重要考古发现层出不穷。2011 年以来对陕西神木石峁、
延安芦山峁和山西兴县碧村等大型石城和高等级聚落遗址的发现和系统发掘，使得该地
区再度成为学术热点，包括文化谱系、社会进程、文明起源模式、人群成分以及广域文
化交流等学术问题受到普遍关注。由此，以探索"中国北方文化区"的形成及其内涵为
目标的"河套地区聚落与社会研究"项目被提上日程。

　　2016 年作为国家文物局《大遗址保护"十三五"专项规划》[1] 重要内容及 2018 年
首批立项的"考古中国"重大项目之一，"河套地区聚落与社会研究"项目课题跨越陕、甘、
宁、晋、内蒙古五个省区，所研究的"中国北方文化区"可以划出四个大的文化地理区块：
南流黄河南岸区块、阴山南麓地带、陕北西部区块和子午岭—六盘山区块。2017 年甘肃
省文物考古研究所有针对性地制订了河套课题甘肃分区工作规划，并于 2018 年 7 月与北
京大学考古文博学院开展合作，在陇东地区选择桥村遗址这一处龙山时代的核心聚落全
面开展调查和发掘工作，采集多学科研究样品，最大限度地揭示聚落的内涵，进行年代
与文化谱系、环境与生业经济、资源利用、社会组织结构等研究；同时制订计划，围绕
核心聚落遗址所在区域，选择适当的流域开展区域性聚落考古专题调查研究。

---

[1]《国家文物局"十三五"跨区域综合性考古研究项目简介》，《中国文物报》2017 年 7 月 14 日第 5 版。

选择桥村遗址，主要基于以下几方面的考虑：其一，桥村遗址所处的陇东黄土高原地貌与陕北地区类似，皆是由塬、峁、梁等地貌单元组成的破碎高原地形，在遗址的分布、规模上均有一定的类比性；其二，陇东地区史前考古工作相对薄弱，甚至还未能建立起较完整的考古学文化谱系，而桥村遗址是该区域内已知少有的有一定工作基础的重要遗址，遗存较为单纯，时代范围相对准确；其三，根据以往的发掘和调查，桥村遗址出土相当数量的"齐家系"玉器、建筑用的筒瓦和板瓦等高等级遗物，且聚落规模宏大，是陇东地区龙山时代的中心聚落，是该地区开展聚落考古的一个较好的起点。

二、桥村遗址研究现状

（一）自然环境

桥村遗址位于甘肃省平凉市灵台县西北约 20 千米的西屯镇北庄村桥村社居民聚居区及以下坡沟，从地理方位而言，位于陇东地区的南部，靠近甘陕交界处。（图 1-2）陇东黄土高原海拔平均在 1200~1800 米，东以子午岭为界，西以六盘山为界，南接渭北高原，即关中地区西部，区域内部覆盖着厚厚的全新世黄土。泾河上游自六盘山北部向东南发育流经陇东黄土高原的南部，在其众多支流的侵蚀作用下，黄土地貌以相对比较完整的台塬为主，台塬边缘破碎，沟壑纵横，梁、峁、沟及人为斩崖造成的多级阶状地貌相间并存。其中梁是指长条形的高地，可分为平梁和斜梁两种类型，前者顶部平坦，宽度有限，可长达几百千米，后者主要指沟间地带，长度较短。峁是梁进一步受侵蚀形成的驼峰或馒头状的地貌形态。

桥村遗址所在的灵台县地处陇东黄土高原南缘，地形西高东低，海拔高度在 890~1420 米之间，平均海拔 1205 米。泾河上游南岸存在两条东西向的二级支流——黑河与达溪河，两条支流中部形成了一道相对宽阔的分水岭，该分水岭南、北两侧在更多次级支流的影响下延伸出众多次级台地，桥村遗址就处于整个分水岭中部向北延伸的一块次级台地边缘。（图 1-3）

全新世以来，黄土高原的植被类型在沟谷和塬面有显著差别，塬面上少有大面积的森林生长，自然植被类型以灌丛草原为主，在气候良好的时期会有疏林生长，

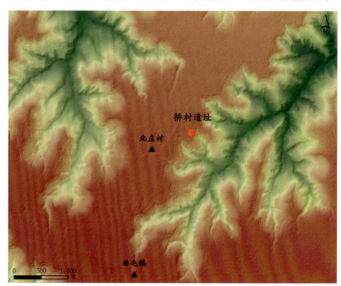

图 1-2 桥村遗址地理位置与地貌

图 1-3　桥村遗址全景

（左：自南向北拍摄；右：自西向东拍摄）

森林主要在沟谷中得到较好的发育。甘青地区现代气候处于由半湿润—半干旱区向干旱区过渡地带，自然条件也具有渐变的特征，由东南向西北逐步变干，大陆性气候显著。桥村遗址所在灵台县年平均气温 8.6℃，冬季寒冷，夏季温热，年温差和日温差较大，年降水量 650 毫米左右。

（二）考古简史

早在 1975 年，桥村公社的村民就在遗址区域发现了各种玉器 47 件，有玉斧、玉刀、玉璧、玉环、玉璜、玉玦等，还有钻孔痕迹或有切割面的半成品玉器，显示出遗址的高等级属性，这一重要发现也引起了甘肃省文物工作人员的注意[1]。

1977 年 7 月桥村遗址被考古人员正式确认，并于 1978 年秋由甘肃省博物馆考古队对遗址进行了试掘，1980 年考古队发表了《甘肃灵台桥村齐家文化遗址试掘简报》，这也是整个陇东地区第一个进行发掘并发表材料的史前遗址。此次发掘面积约 95 平方米，预计遗址面积在 1 万平方米以上，共计发现 7 个灰坑遗迹，发现石器、骨器、陶器等各类遗物，虽然未再发现玉器，但却出土了筒瓦及槽形板瓦等属于高等级建筑的遗物，进一步确认了桥村遗址是一处重要的中心聚落[2]。

此后一段时期内，对桥村遗址的考古工作一度陷入停滞，直到 2007 年第三次全国文物普查工作开始，调查人员对桥村遗址的范围又有了新的认识：遗址坐西向东，延伸至地势上陡下缓的山坡梯田内，西至居民聚居区，东至芦子沟上沿，北至驼沟南侧，南至碾场沟北侧，总面积约 70 万平方米[3]。2013 年，桥村遗址被公布为全国重点文物保护单位。

（三）研究现状

平凉地区经历了三次较大规模的考古调查，分别是 1956~1960 年中国科学院考古研

---

[1] 李晓斌、张旺海：《甘肃齐家文化玉器研究》，《陇右文博》2009 年第 2 期，第 21~32 页。

[2] 甘肃省博物馆考古队：《甘肃灵台桥村齐家文化遗址试掘简报》，《考古与文物》1980 年第 3 期，第 22~24 页。

[3] 国家文物局：《中国文物地图集：甘肃分册》，测绘出版社，2001 年。

究所和甘肃省文物工作者开展的文物古迹普查工作、1982年平凉地区博物馆组织进行的考古调查[1]以及2007年第三次全国文物普查工作[2]，累计发现了几百处史前遗址，然而进行进一步发掘确认的却寥寥无几。桥村遗址是其中少数进行过发掘并发表材料的重要聚落遗址，因此一直受到学术界的关注。

在1978年发掘中，遗址所见陶器以红陶居多，罐类器占较大比例，其中以单耳夹砂罐、双大耳红陶罐、锯齿花边口沿红陶罐、小型红陶碗为主要典型器物，发掘者将桥村遗址定性为齐家文化遗址，但同时也强调从陶器的器形和纹饰上看，与陕西"客省庄第二期文化"有许多相似之处，尤其是陕西岐山双庵遗址出土的陶器与桥村出土陶器的器形、陶色、纹饰更为接近，认为甘肃陇东"齐家文化"与陕西"龙山文化"关系密切[3]。这一时期学界关于客省庄二期文化和齐家文化关系问题已有了不少的讨论，桥村遗址材料的发表及发掘者模棱两可的结论引发了不少学者关于桥村遗址文化归属的讨论。

以谢端琚[4]、王辉[5]等为代表的甘肃省考古工作者主张将桥村遗址纳入齐家文化，但未提及与其他文化之间的联系；梁星彭认为桥村遗址的遗存和秦魏家早期遗存接近，很有可能是齐家文化的源头，并提出客省庄二期文化关中东、西部可划分为不同类型，而桥村遗址应属于其关中西部—甘肃东部类型[6]；张忠培则认为桥村遗址虽然和秦魏家早期遗存有较多相似之处，但两者性质不同，要予以区分[7]。

陕西岐山双庵遗址发掘之后，关于桥村遗址的讨论进一步升级，其与关中东部典型客省庄二期文化在陶色比例上的显著差异及与桥村遗址的相似性，使得学界开始重新审视桥村遗址的文化属性。双庵遗址的发掘者认为双庵类遗存应与典型客省庄二期文化区分开来，并认为桥村遗址可以归入其范畴[8]；此后陆续发表的关中西部武功浒西庄与赵家来[9]、宝鸡石嘴头[10]、凤翔大辛村[11]等被划为客省庄二期文化遗址的发掘报告中，普遍认为桥村遗址的文化面貌与客省庄二期文化相同，可与双庵类遗存一样作为客省庄

[1]平凉地区博物馆：《平凉文物》，1982年，第8~10页。

[2]国家文物局：《中国文物地图集：甘肃分册》，测绘出版社，2001年。

[3]甘肃省博物馆考古队：《甘肃灵台桥村齐家文化遗址试掘简报》，《考古与文物》1980年第3期，第22~24页。

[4]谢端琚：《甘青地区史前考古》，文物出版社，2002年，第113页。

[5]王辉：《甘青地区新石器—青铜时代考古学文化的谱系与格局》，《考古学研究（九）》，文物出版社，2012年，第210~243页。

[6]梁星彭：《试论客省庄二期文化》，《考古学报》1994年第4期，第417~418页。

[7]张忠培：《客省庄文化单把鬲的研究——兼谈客省庄文化流向》，《北方文物》2002年第3期，第1~15页。

[8]西安半坡博物馆：《陕西岐山双庵新石器时代遗址》，《考古学集刊（3）》，中国社会科学出版社，1983年，第51~68页。

[9]中国社会科学院考古研究所：《武功发掘报告——浒西庄与赵家来遗址》，文物出版社，1988年。

[10]西北大学历史系考古专业82级实习队：《宝鸡石嘴头东区发掘报告》，《考古学报》1987年第2期，第209~225页。

[11]雍城考古队：《陕西凤翔县大辛村遗址发掘简报》，《考古与文物》1985年第1期，第1~11页。

二期文化的一个地域类型；《中国考古学·新石器时代卷》也将其归为客省庄二期文化西区类型的典型遗址[1]；20世纪90年代，张天恩、刘军社对客省庄二期文化进行了探讨，并认为包括桥村遗址在内的双庵类遗存与典型客省庄二期文化各有其源头，前者应源自分布于关中西部、以红陶为主的龙山早期文化[2]。扶风案板遗址的发掘者在此基础上认为，桥村类遗存是对陇东中部的常山下层文化的继承和发展，既与陇西典型齐家文化有明显差异，又与客省庄二期文化分属不同的陶系，但显然受后者影响较多，并在南迁过程中演变成双庵类遗存[3]。

上述陶器的研究表明桥村遗址兼具多种文化属性的特征。从桥村遗址陆续采集到的玉器来看，也具有类似的特点，比如既有以琮、璧组合为特点的齐家系玉器，也有以改制薄片刃器为特点的陕北龙山文化玉器。因此，陇东地区桥村类遗址的出现是龙山时代不同区域文化交流与发展演变的一个关键时空节点。

除了早先对文化属性的讨论之外，随着近年来多学科研究的不断发展，不少学者对桥村遗址的炭化种子、孢粉、木炭等植物遗存进行了相关研究：周新郢、李小强等在桥村遗址剖面选取了炭屑和炭化种子样品并进行了测年分析，同时还对包括桥村遗址在内的陇东地区7个史前遗址出土的炭化种子进行了种属鉴定，并结合花粉研究讨论了陇东地区新石器时代早期农业栽培情况及其环境效应[4]；李虎对包括桥村遗址在内的5个齐家文化遗址采集了木炭样品并进行了树种鉴定，讨论了齐家文化时期陇东地区的植被分布及利用情况[5]。

上述工作是我们进一步开展桥村遗址考古调查、发掘和研究的基础。

[1]中国社会科学院考古研究所：《中国考古学·新石器时代卷》，中国社会科学出版社，2010年，第577~583页。
[2]张天恩、刘军社：《关于客省庄二期文化几个问题的探讨》，《考古与文物》1995年第2期，第46~55页。
[3]西北大学文博学院考古专业：《扶风案板遗址发掘报告》，科学出版社，2000年，第269~270页。
[4]周新郢、李小强、赵克良等：《陇东地区新石器时代的早期农业及环境效应》，《科学通报》2011年第57卷第4~5期，第318~326页。
[5]李虎：《甘肃东部齐家文化时期考古遗址木炭遗存分析》，兰州大学硕士学位论文，2013年。

第二章　调查方法

上述研究现状表明，以往关于桥村遗址的讨论与研究主要集中在文化谱系方面，进入 21 世纪以后，部分学者从区域性环境、生态等方面进行了多学科研究工作，但对于桥村遗址聚落与社会的研究始终处于缺失的状态。在这一背景下，北京大学考古文博学院与甘肃省文物考古研究所以揭示桥村遗址聚落形态与社会结构为目的开展了一系列的考古调查、勘探、发掘工作，本次调查即是其中的首要环节。

方法上，本次调查是以聚落形态研究为目的，在区域系统调查方法指导下的全覆盖式考古调查。从调查范围和规模来看，本次调查属于"大遗址"的系统勘察。尽管区域系统调查方法在中国的田野考古工作中已运用多年，并有诸多成熟的案例可以借鉴，但我们仍需对区域系统调查的方法进行系统的回顾，总结其存在的问题，在对调查对象本身有相当充分了解的基础上因地制宜地设计调查方法，制订工作计划。

一、区域系统调查方法概述

（一）区域系统调查

田野考古调查是了解不同时期遗址的数量和分布、遗址的内容、性质和时代的基本方法，其具体方法是通过地面散布的以陶片为主的各种遗物、断面上可见到的文化堆积和各种遗迹等来确定遗址的范围、内涵和时代。而区域系统调查又称全覆盖式调查或拉网式调查，是以聚落形态研究为目的的考古调查方法。有学者将这一方法的核心总结为地域选择的系统性、样品采集的系统性和信息分析的系统性三项，其具有逻辑缜密的一整套方案，尤其是基于概率统计的定量分析[1]。简单来说，这种调查通常是在某一明确学术目的的指导下，选择一处相对独立的地理单元，如某一盆地或河流流域，根据实地情况采用地面踏查的方式，将调查人员分为若干组，每组人员沿着预先设计好的路线，间隔一定距离依次排开，手持 GPS、大比例尺地形图等调查所需装备和资料前行，理论上是要走遍每一寸土地，将踏查过程中发现的遗存系统、全面地记录和采集。

区域系统调查是考古学发展到一定阶段的产物。1946 年戈登·威利在秘鲁维鲁河谷

---

[1] 朔知：《中国的区域系统调查方法辨析》，《中原文物》2010 年第 4 期，第 29~40、51 页。

的调查揭开了聚落考古的序幕，也开启了区域系统调查的先河。20 世纪 50 年代以来，美索不达米亚、墨西哥高地、爱琴海地区以及美国西南部都先后开展了卓有成效的系统调查，极大地促进了这些地区考古学的发展和文明起源的研究。1985 年，全美考古学会在科罗拉多州的丹佛市，就区域系统调查的理论、方法及其在世界各主要地区所取得的成果进行研讨，并于会后出版了《区域考古研究：区域系统调查例》一书[1]。区域系统调查通过揭示遗址的等级状分布、遗址与自然环境的关系和聚落中心的转移等现象，为进一步考察特定区域内社会、政治和经济发展的过程提供必要的依据。

我国早在 20 世纪 40~50 年代就已经出现了对某一地理单元开展专题性质调查的工作，如吴金鼎先生对云南洱海之滨的调查[2]、中国科学院考古研究所对河南三门峡漕运遗迹的调查[3]和徐旭生先生对豫西"夏墟"的调查[4]等。但是这一时期开展的区域调查主要目的在于"发现"，进而为文化分期和文化交流、传播等考古学文化研究打下基础，在样品采集和信息分析上以有与无、多与少之类的定性为主，缺乏定量分析，还没有实现真正意义上的区域系统调查。

1984 年张光直先生首次将区域系统调查方法指导下的聚落形态考古引入国内学者的视野，也引起了中国考古学对开展聚落考古研究的重视[5]。1989 年严文明先生首先指出了开展聚落考古的必要性[6]，随后北京大学便于 1990 年在石家河[7]与葫芦河[8]流域率先开展了两项以聚落考古为核心但各有侧重的尝试性区域系统调查，这也是我国区域系统调查的开端。1991 年苏秉琦先生提出了重建中国史前史的构想[9]，复原古代社会面貌等重要问题被提上日程，各地均开始制订并实施了小范围的区域系统调查。1994 年湖南省文物考古研究所在澧阳平原开展的区域调查[10]，就从聚落的角度进行了较为成功的实践，将环境、聚落变迁等一系列问题综合在调查之中，并有选择地开展了一些发掘工作，可以说具备了区域系统调查的若干要素，只是从调查方法、信息采集上还有明显不足。

[1] 转引自方辉：《对区域系统调查法的几点认识与思考》，《考古》2002 年第 5 期，第 54~62 页。
[2] 吴金鼎、曾昭燏、王介忱：《云南苍洱境考古报告》，国立中央博物院专刊，1942 年。
[3] 中国科学院考古研究所：《三门峡漕运遗迹》，科学出版社，1959 年。
[4] 徐旭生：《1959 年夏豫西调查"夏墟"的初步报告》，《考古》1959 年第 11 期，第 592~600 页。
[5] 张光直：《考古学专题六讲》，生活·读书·新知三联书店，2013 年。
[6] 严文明：《中国新石器时代聚落形态的考察》，《庆祝苏秉琦考古五十五年论文集》，文物出版社，1989 年，第 24~37 页。
[7] 石家河考古队：《石家河遗址群调查报告》，《南方民族考古》第五辑，四川科学技术出版社，1993 年，第 213~294 页。
[8] 李非、李水城、水涛：《葫芦河流域的古文化与古环境》，《考古》1993 年第 9 期，第 822~842 页。
[9] 苏秉琦：《关于重建中国史前史的思考》，《考古》1991 年第 12 期，第 1109~1118 页。
[10] 裴安平：《澧阳平原史前聚落形态的研究与思考》，《庆祝张忠培先生七十岁论文集》，科学出版社，2004 年，第 192~242 页。

20世纪90年代中期以后，随着日益增多的国外考古研究机构与中国考古单位的合作，区域系统调查在国内逐渐普及并走向高峰，一系列有目的的围绕一个中心遗址而开展的大规模区域系统调查在中国尤其是北方地区普遍开展起来。1995年，山东大学与美国耶鲁大学和芝加哥自然历史博物馆联合开展了日照地区的调查[1]，这是国内第一次完整按照西方区域系统调查模式开展的工作。此后在内蒙古赤峰地区[2]和岱海地区[3]、河南安阳洹河流域[4]和伊洛河流域[5]、四川盆地[6]、云南滇池[7]也陆续开展了中外合作调查项目。区域系统调查在国外的多年成功实践，为其在我国的应用提供了借鉴，许多由国内考古单位独立开展的区域系统调查项目也不断出现，主要有内蒙古赤峰半支箭河中游[8]、陕西周原七星河[9]和美阳河[10]、黑龙江三江平原七星河流域[11]、河南洛阳盆地[12]、山西垣曲盆地[13]和运城盆地[14]等地区的调查。

2009年，国家文物局新颁布的《田野考古工作规程》正式将区域系统调查列为将来我国田野考古工作的重要组成部分，标志着这一方法已经成为当前田野考古中一种实用价值较高、切实可行、便于操作的野外考古调查方法。

（二）区域系统调查的独特性

与单纯的以发现遗址为目的的传统调查方法不同，区域系统调查强调的是对特定区域内不同时期、不同文化阶段之间聚落形态的变化过程进行动态观察和研究。和我国传统的考古调查相比，两者在方式上有一定的相似性：都是通过调查发现和记录遗址，并为后续的发掘、研究和保护工作奠定基础；均采用野外徒步踏查的基本方法；以采集地

［1］中美两城地区联合考古队：《山东日照市两城地区的考古调查》，《考古》1997年第4期，第1~15页。

［2］赤峰中美联合考古研究项目：《内蒙古东部（赤峰）区域考古调查阶段性报告》，科学出版社，2003年。

［3］岱海中美联合考古队：《2002年、2004年度岱海地区区域性考古调查的初步报告》，《内蒙古文物考古》2005年第2期，第2~12页。

［4］中美洹河流域考古队：《洹河流域区域考古研究初步报告》，《考古》1998年第10期，第13~22页。

［5］陈星灿、刘莉、李润权等：《中国文明腹地的社会复杂化进程——伊洛河地区的聚落形态研究》，《考古学报》2003年第2期，第161~218页。

［6］成都平原国际考古调查队：《成都平原区域考古调查（2005~2007）》，《南方民族考古》第六辑，科学出版社，2010年，第255~278页。

［7］云南省文物考古研究所、美国密歇根大学人类学系：《云南滇池地区聚落遗址2008年调查简报》，《考古》2012年第1期，第23~33页。

［8］赤峰考古队：《半支箭河中游先秦时期遗址》，科学出版社，2002年。

［9］周原考古队：《陕西周原七星河流域2002年考古调查报告》，《考古学报》2005年第4期，第449~484页。

［10］周原考古队：《2005年陕西扶风美阳河流域考古调查》，《考古学报》2010年第2期，第207~228页。

［11］黑龙江省文物考古研究所：《七星河——三江平原古代遗址调查与勘测报告》，科学出版社，2004年。

［12］中国社会科学院考古研究所二里头工作队：《河南洛阳盆地2001~2003年考古调查简报》，《考古》2005年第5期，第18~37页。

［13］中国国家博物馆考古部：《垣曲盆地聚落考古研究》，科学出版社，2007年。

［14］中国国家博物馆田野考古研究中心、山西省考古研究所、运城市文物保护研究所：《运城盆地东部聚落考古调查与研究》，文物出版社，2011年。

面陶片等遗物为主，并利用可供观察的文化堆积来确定遗址范围、内涵及其时代；采用文字、绘图和照相等手段进行记录；进一步了解是否需要进行勘探和发掘等。但是比较之下，两者又有着很大的区别：

1. 目的不同：传统的考古调查主要是发现和记录遗址，以对遗址进一步保护或发掘为目的，对后续研究的帮助更多的是提供有限的基础资料。区域系统调查为聚落考古研究服务，在调查之前就设计好了特定的学术目标，并且多数是从区域的角度研究古代社会组织和社会结构的形态及其发展进程，具体包括人们生存的社会与环境状况、资源利用的互动关系、不同区域之间的共性特征和个性差异等，对于后续的研究分析有着更深层次的理解推动。

2. 方法不同：传统的考古调查多是根据调查者的自身经验，或靠当地老乡提供的信息展开调查，调查过程中存在较多的主观判断，在调查技术手段的应用方面也明显不足，如采样多是以遗址为单位，一个遗址内部不再做更细致的划分；记录相对比较简单，一般多采用简单的表格和文字描述来记录，有的辅之以照片。区域系统调查则自有一套详细的规则来指导调查的进行：规定了调查的路线，实行无遗漏的拉网式调查；遗物采集方法更加系统，除了遗址本身的情况之外，还要注意观察遗址所处的环境、地貌、资源情况等；采集过程中会在遗址内部进一步设定更小的采集单元，可以对长期使用的遗址再按期别细分出各自不同的分布范围；记录更细致并有明确要求，如要在现场标出遗物采集点的准确位置，并录入到电子地图上，填写专门设计的表格，每个遗址及发现的文化堆积情况都要拍摄其整体和局部的照片，分时间段划分和记录遗址的范围和面积等；运用更多的先进技术，如 3S（GPS、GIS、RS）技术等。这不仅给田野工作带来了方便，而且能够详细、准确地记录信息，以便在室内进行系统的统计分析。

（三）区域系统调查存在的问题

虽然区域系统调查在我国的应用已经比较广泛，但是由于我国幅员辽阔，受自然和人为等因素的影响，仅仅运用和模仿国外研究方法是不够的，必须探索适合中国本土不同地域的研究方法，从中国各地的实际出发，找到适合各地区自身特点的区域系统调查方法。

中国的遗址构成一般较为复杂，尤其是不同区域地质、地貌环境差异较大，导致遗址被发现的概率差别也较大，在调查过程中往往面临两个问题：其一是遗址的真实性问题，目前区域系统调查发现遗址和初步确定遗址的延续时间，主要依靠收集散落于地表的陶片来判断，而这一过程中，陶片等遗物受自然或人类活动的影响而产生远距离位移，在人口稠密、土地高度利用的地区是非常普遍的现象，调查发现并记录的遗物分布地点未必就是古人的居住活动地点；其二是遗址的范围界定问题，如果遗址邻近村庄，那么村民建房、修路、平整土地等各种活动很有可能把原生文化层的遗物搬运到遗址的外围地带，从而扩大遗址实际的分布范围，如果遗址远离人口常住区使得遗迹埋藏较深，不易破坏，那么调查所发现的遗址面积就会小于实际的情况。上述问题尽管都可以通过细致的勘探工作在一定程度上得到解决，但考虑到成本问题并不适用于大部分地区，目前更需要做的是因地制宜地设计区域系统调查中的实际操作方法。

黄土高原地区进行的区域系统调查已发表材料的并不多见，针对黄土高原地区的调查则更为特殊。2017年陕西省考古研究院组织了河套及南流黄河地区龙山时代石城考古调查，并对晋陕黄土高原区域系统调查的方法进行了总结[1]，为本次桥村遗址的调查提供了较多启发。从桥村遗址的地貌成因角度来看：

1. 自然因素：厚厚的黄土堆积在众多河流的侵蚀作用下，形成以黄土台塬为主的地貌类型，这些边缘地带在溯源侵蚀作用下，形成了一条条向外延伸的舌状黄土梁。

2. 人为因素：当地村民长时期以窑洞作为主要的居住场所，在建造窑洞过程中，对黄土台塬的边缘进行了大量的斩崖工程，同时为了进行耕作活动开辟、平整农田，使得人类活动密集的黄土台塬形成了梯田式的多级阶状地貌。

在自然和人为的双重作用下，桥村遗址所在的黄土地貌始终处于加剧侵蚀的过程，平整的土地和黄土台塬边缘因此形成大量的次生堆积，若按照以往区域系统调查方法指导下以采集遗物为识别遗址的依据，这些遗物大多都不在原生位置，必定会对遗址信息的获取及利用产生巨大的误导。

尽管遗址所在地貌存在如此剧烈的改造过程，但同时也需要指出，在各种侵蚀所充分暴露的阶状地貌的断面上，广泛分布的文化层或遗迹毫无疑问是古人居住和活动留下来的原生迹象，所以此次桥村遗址调查在区域系统调查方法的设计中，最重要的调查工作就是对断面上遗迹的观察和记录，即调查采集对象是以剖面上遗迹及其包含遗物为主，地表采集遗物仅作参考。

二、桥村遗址区域系统调查方法

（一）调查目的

此次调查不同于以往针对某一个地理单元或流域范围进行的大范围考古调查。一方面，作为调查、勘探、发掘的首要工作，此次调查是遗址后续发掘的重要前期工作，需要依据调查获得的各类信息来选择具体发掘区域和规划发掘方法；另一方面，以桥村遗址的文化内涵作为参照，有助于后续对整个黑河流域的大规模调查工作的开展。故此次调查是单纯针对桥村遗址的"系统勘察"，其主要目的在于确认桥村遗址的分布范围，获得遗址各类遗物的文化信息及空间信息，结合GIS支持下的空间分析方法，尝试在未

---

[1] 赵辉、任海云、贾尧：《晋陕黄土高原区域系统调查方法概述》，《文物世界》2017年第6期，第41~42页。

经发掘的情况下，对整个遗址的聚落形态特征做出一定程度的阐释说明。

（二）前期准备

1. 了解区域地形与地貌

2018 年 5 月，调查项目发起成员对甘肃省兰州市和平凉市的灵台县、静宁县等地进行了为期一周的综合考察，首先对该地区的地形地貌有了一个基础的认识，尤其是对桥村遗址所处的黄土台塬边缘阶状地貌的确认。通过此项工作，制订了调查的具体工作方案，包括调查区域的划定、工作量的设定、调查路线的选择和遗物的采集方法等。

2. 确认遗址年代

考察期间恰在桥村遗址范围内一处裸露的断面上发现了一座墓葬遗迹，考察成员从中采集了股骨和牙齿两份样品，并随后将其送至 Beta 实验室进行测年。测年结果显示，其年代在距今 4100~3800 年之间，属于龙山时代晚期。（图 2-1）

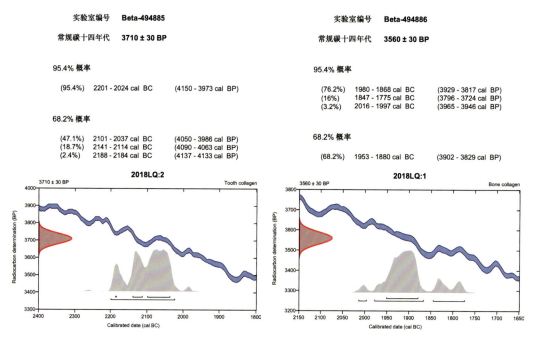

图 2-1　采集人骨 Beta 实验室测年结果

（左：牙齿；右：股骨）

3. 调查队伍组成（图 2-2、2-3）

领　　队：北京大学考古文博学院　　张海

　　　　　甘肃省文物考古研究所　　周静

调查成员：北京大学考古文博学院　　徐诗雨（博士）

　　　　　北京大学考古文博学院　　张乐城（硕士）

图 2-2　调查队员合影

图 2-3　剖面观察与记录示范

北京大学考古文博学院　　　　戴伟（硕士）
北京大学考古文博学院　　　　郑婧（硕士）
北京大学考古文博学院　　　　杨一笛（硕士）
北京大学考古文博学院　　　　陈绰敏（硕士）
北京大学考古文博学院　　　　秦博（硕士）
北京大学考古文博学院　　　　李春霞（本科）
北京大学考古文博学院　　　　贾晓文（本科）
北京大学考古文博学院　　　　崔梦龙（本科）
北京大学考古文博学院　　　　徐艺菁（本科）
北京大学考古文博学院　　　　张雅榛（本科）
黑龙江师范大学　　　　　　　徐浩（本科）

（三）考古调查地理信息系统

本次调查充分利用基于互联网的 WEB-GIS 技术，设计、研发了"考古调查地理信息系统网络平台"，整合 3S 技术，用于辅助定位、信息记录和样品采集。

1. 基础地理数据来源

表 2-1　基础地理数据来源

类型	范围	精度	来源
遥感影像地图	以灵台县为中心（25 千米 ×25 千米）	0.5 米	美国 Worldview 商业卫星 2018 年夏季拍摄
DEM 高程图	以灵台县为中心（25 千米 ×25 千米）	5 米	日本 ALOS 商业卫星立体相对获取
蜂窝状网格图	以灵台县为中心（25 千米 ×25 千米）	/	Arc Map 软件生成

2. 系统设计与使用

桥村遗址考古调查地理信息系统网络平台，包括网页客户端（BS）和移动端APP（CS）两个载体（图2-4），该平台包含电子地图、剖面记录及采样、地表记录及采样、照片管理等主要条目。电子地图中预置了三个图层，包括遥感影像地图、DEM高程图和蜂巢状网格图（图2-5）：在电子地图上可以辅助GPS实时定位全体成员各自的准确位置，标注和管理记录/采集点；剖面记录及采样中按列表的形式展示了每个采集点的遗迹分类、文字说明、样品类型及调查者姓名和采集日期（图2-6左），方便我们进行后续的整理；照片管理中收录了全部遗迹照片（图2-6右），通过搭载APP的移动端现场拍摄获得。

除了WEB-GIS技术支持外，我们也准备了田野调查需要的设备和工具，主要有手铲、

图 2-4　桥村遗址考古调查地理信息系统界面

（左：客户端界面；右：APP界面）

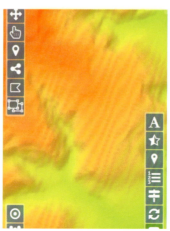

图 2-5　系统图层

（左：遥感影像图；中：DEM高程图；右：蜂巢状网格图）

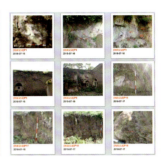

图 2-6　管理记录 / 采集点

（左：剖面记录和采样界面；右：照片管理界面）

钢卷尺、比例杆、提取样品的自封袋、纸质标签等，同时考虑到调查对象主要是断面，还准备了短柄方形锄方便刨刮剖面,而调查区域主要是台塬边缘的阶状地貌，高低落差大，陡崖丛生，地势崎岖，我们也准备了登山杖方便踏查。由于在调查过程中所有坐标定位和信息录入都依托于手机的 APP，并且需要掌握每个调查成员的位置，因此保证网络畅通非常重要，我们给每组成员都配备了移动 WIFI 增强 4G 网络设备，在保证安全的同时，还能保证所有人可以通过微信等方式随时联络，实时讨论调查发现的问题。

3. 调查时间

此次调查分两次进行：第一次始于 2018 年 7 月 11 日，为期 15 天，由全体调查成员参加，基本完成了全部调查任务；第二次始于 2018 年 10 月 15 日，为期 3 天，由北京大学考古文博学院张乐城完成，主要是针对第一次调查过程中未确认区域的补充性调查。

（四）调查方法

1. 分区分组

为了保证调查的系统性和全覆盖性，我们在对调查区域地形地貌充分认识的基础上，将整个调查范围按照桥村所在的台塬地形边界来规划，基本涵盖了一个完整的二级台地根端东、西两侧的全部次级台地，调查面积达 11.45 平方千米。随后我们以台塬中部的南北向县道一分为二，分为东、西两侧，每侧再以较大的冲沟为界分为 10 个小区。将 13 位调查成员编为 A、B、C、D 四组，以每组一小区的形式进行踏查（图 2-7），每当一小组完成某一区的调查任务后即可开始另一小区的工作。根据每个区域内遗迹的丰富程度，每组成员调查完成所需时间各不相同。针对遗迹比较密集的区域，可以同时将两组成员调入工作。

2. 调查线路

确定了调查区域后，再设计调查路线。桥村位于县道东侧，以往进行的发掘和调查也主要集中于台塬东侧边缘，因此我们首先针对东半区的 5 个小区进行调查，以县道为起点向东深入靠近台塬边缘。由于梁峁地形长短不一，遇到断梁往往需要走回头路，为

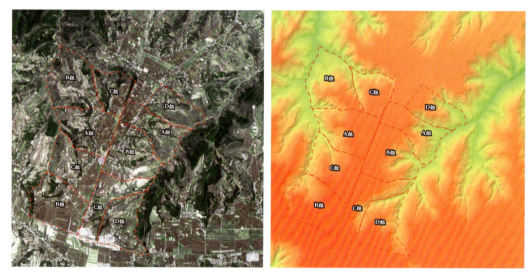

图 2-7　调查范围及分区图

（左：调查范围；右：调查分区图）

图 2-8　调查区域阶状地貌

了提高效率，调查成员尽量根据阶状地貌中的"之"字形小路由高到低向下行进。（图 2-8）

（五）记录和采样

在电子地图中我们内置了一张蜂窝状六边形网格图（见图 2-5 右），每个六边形边长 20 米，由于有时会出现多个遗迹密集分布于某处长梁剖面上的情况，为了记录遗迹密度的统一性，保证每处遗迹都能被发现和记录，我们要求在每个六边形网格区域内只要发现有遗迹，则至少要标记一处记录点。如果在一个六边形网格内发现较为密集的多处遗迹，则既可多次记录、采集，也可标记一处地点。故每处记录/采集点可能会包含不止一处遗迹，而这些遗迹均位于一个采集点内，说明它们至少在相距不远的同一高度的断面上。因此，每个六边形网格内记录/采集点的多少，能大致反映出遗迹本身的密集情况。

这样既保证了整个遗址范围内调查点分布的均匀性和完整性，也使得每个调查点具有遗迹多少的差异性及不同类型遗迹的组合特征。

　　在命名方式上，剖面采集点使用 P 来命名，地面采集点使用 Q 来命名，采集点按调查中发现的时间先后顺序依次编号；遗迹的命名与田野考古发掘一样，只是在编号上按照各自采集点内部顺序命名，如在 P1 发现了两处灰坑遗迹，则这两个灰坑分别命名为 P1-H1、P1-H2，其他采集点如 P2 也发现了灰坑，则命名为 P2-H1、P2-H2……每处遗迹的采集样品用 S 来命名，与遗迹编号一样，按照各遗迹内部顺序编号，如 P1-H1-S1。

　　由于不是所有的采集点都方便进行取样工作，部分位置较为特殊的采集点只能进行拍照记录，因此在电子地图上我们用红点代表进行了采样工作的采集点，用蓝点代表未进行采样的采集点。此次调查我们将遗迹类型主要分为灰坑、房基、窑址、墓葬、灰层、石堆、夯土等几类，实际调查过程中发现以前四类遗迹为主；采集样品类型主要分为陶片、石器、骨骼、浮选土样、植硅石样品、木炭、小件等几类，一般要求对灰坑类遗迹必须要采集浮选土样及植硅石样品。

　　当调查成员在某处断面上发现遗迹现象以后，首先使用手铲和短柄锄对剖面进行简单的清理，了解地层堆积情况，确定遗迹性质，随后在剖面上大致画出遗迹的范围示意线，放置比例杆以后进行拍照。（图 2-9）在确定是古人活动遗迹以后，小组各成员就可以开始分工进行采集和记录工作：首先需要在电子地图上进行定位和标点，虽然调查使用的记录平台自带定位功能，但为了保证采集点的准确性，我们要求调查成员使用移动端内置的高分辨率影像地图来辅助进行采集点的标注。APP 中采集点的编号由系统自动生成，调查成员需要填

图 2-9　遗迹采集过程

图 2-10　APP 采集点信息录入

写遗迹分类、采集样品信息以及对采集点本身的简要文字描述，包括对遗迹范围大小的测量数据。同时也需要在系统中上传遗迹和遗物照片，调查成员要在照片上传之前利用移动端的图片编辑功能在照片上标注遗迹单位号，存在打破关系或分层叠压的情况也需要标出。（图 2-10）

采集样品中存在浮选土样这种不易搬运的重型样品，为了保证调查效率，调查成员每次完成采集后，可将较轻的样品如少量陶片、重要小件、植硅石样品等随身携带，而将浮选土样或数量较多的陶片放在采集点原处。每天委派专门的调查队员负责带领民工通过定位采集点位置来收集这些重型样品。收集到相应样品后，负责人员在调查 APP 中勾选，系统会将收集完样品的采集点由红色变为黄色，从而保证不遗漏收集样品。通过这种方法，可以解决发掘采样过程中大量收集浮选土样等重型样品造成的搬运困难，从而保证调查成员能将全部时间投入到采集点的发现和记录中去。

由于所有采集信息都通过移动端 APP 上传至调查系统中，所以实际上每天田野踏查结束后并不需要调查成员再花费时间进行过多的后续整理或手写记录，极大地提高了调查的效率。每天调查结束后，由领队组织队员对当天调查过程中发现的问题进行汇总，并根据这些反馈及时对调查系统本身进行调整，根据每个小组的实际行进速率重新评估调查路线和调查范围。

第三章　遗迹与遗物

一、遗迹

此次调查共记录 251 个剖面调查点和 17 个地面采集点，每个剖面调查点均包含一个或多个不同类型的遗迹，共计发现 266 处遗迹，包括 155 个灰坑、71 个白灰面房址、22 座墓葬和 18 座窑址。（图 3-1）我们对其中 139 个剖面调查点的遗迹进行了样品采集，共计 186 处遗迹，并在其中的 136 处遗迹中采集到陶片。根据陶片对遗迹单位的年代进

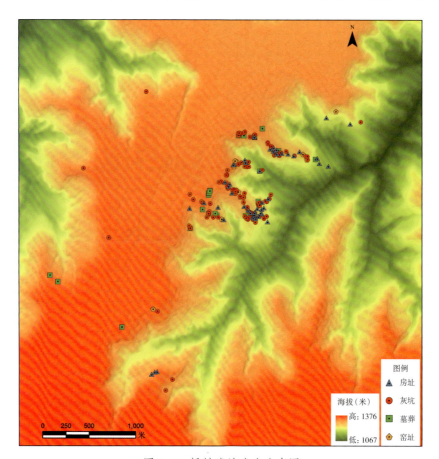

图 3-1　桥村遗址遗迹分布图

P35-H1

P114-H1

P119-H1

图3-2　袋状灰坑

行了判断，发现其中有131个遗迹单位属于龙山时代晚期，主要包括88个灰坑、20座白灰面房址、1座墓葬和4座窑址，另外6个单位由于出土了典型的布纹瓦片而被归为汉代单位。总之，此次调查发现的遗迹年代较为单一，以龙山时代晚期为主。

（一）灰坑

由于均是剖面清理所见，故灰坑的开口形状并不清楚，只根据剖面形状进行分类介绍，且由于灰坑在剖面残余部分的状况不详，故描述中的宽、高、纵深等数据仅供参考，并不能完整反映灰坑的真实体量。

1. 袋状坑

这是调查过程中最常见的灰坑类型。袋口基本被破坏，在剖面上多只保留灰坑侧壁或袋底，坑壁为弧形壁或斜直壁，均为平底。暴露体量较大，不少灰坑还在底部垫有一层灰层，灰坑内遗物多集中于此。

P35-H1（图3-2）

灰坑底部残余，弧形壁呈袋状，平底。底面残宽117厘米，剖面残高65厘米，底面纵深38厘米。填土为灰黑色。灰坑内包含有龙山时代红陶片和动物骨骼。进行了浮选土样和植硅石样品采集。土样中植物种子不多，绝大多数为粟，还有少量的黍、狗尾草属和豆科种子。

P55-H1

灰坑底部残余，斜直壁呈袋状，平底。底面残宽50厘米，剖面残高20厘米，底面纵深20厘米。填土为灰褐色。灰坑内包含有一件高领折肩罐的底部残片。由于灰坑残余较少，只进行了植硅石样品的采集。

P65-H1

灰坑底部残余，斜直壁呈袋状，平底。底面残宽185厘米，剖面残高66厘米。由于灰坑位置较高，底面清理部分有限。填土为灰褐色。灰坑内包含有夹砂红陶花边口沿。进行了浮选土样和植硅石样品采集。土样中植物种子相当丰富，绝大多数为粟，黍和豆科次之。

P71-H1

灰坑底部残余，弧形壁呈袋状，平底。底面残宽250厘米，剖面残高120厘米，底面纵深近100厘米，暴露体量较大。填土为灰褐色。灰坑内包含有龙山时代红陶片。进行了浮选土样和植硅石样品采集。土样中植物种子较为丰富，以粟为主，黍和豆科次之，并发现有少量禾亚科种子。

P114-H1（图3-2）

灰坑底部残余，斜直壁呈袋状，平底。底面残宽100厘米，剖面残高55厘米，底部纵深不清。位于一座现代窑洞上方。填土为灰褐色，灰坑底部垫了一层灰层。灰坑内发现的陶片主要集中于底部灰层。由于位置较高，不易进行植物样品采集。

P119-H1（图3-2）

灰坑底部残余，斜直壁呈袋状，平底。底面残宽250厘米，剖面残高100厘米，底部由于未清理至坑壁故纵深不清。填土为黄褐色。灰坑内可以明显分为三层，疑似多次填土堆积，内包含有少量龙山时代晚期陶片。未进行植物样品采集。

P158-H1

灰坑底部残余，斜直壁呈袋状，平底。底面残宽近400厘米，剖面残高150厘米，底部纵深不清，暴露体量相当大。灰坑内填土可明显分为两层，第一层为黄褐色，第二层为灰褐色，底部垫了一层青灰色灰层。灰坑内发现的陶片和动物骨骼也主要集中于底部灰层。进行了浮选土样和植硅石样品采集，土样中种子数量极少。

2. 筒状坑

同样是调查过程中较常见的灰坑类型。剖面形态多为圆角长方形，开口基本都被次生堆积破坏。从剖面暴露情况来看，一般深度要大于宽度。

P67-H1（图3-3）

灰坑底部残余，坑壁竖直向下，平底，剖面形态为竖向长方形，底角近直角。底部残宽140厘米，剖面残高120厘米。填土为灰褐色。灰坑内包含物较少。

P86-H1

灰坑底部残余，坑壁竖直向下，平底，顶部被次生堆积打破较多，剖面形态为横向长方形，底角为圆钝直角。底部残宽280厘米，剖面残高130厘米。填土为黄褐色。灰

P67–H1　　　　　　　　　　　　　　　　　　　P284–H1

图 3–3　筒状灰坑

坑内包含有较多龙山时代红陶片和动物骨骼。进行了浮选土样和植硅石样品采集。土样内植物种子较丰富，绝大多数为粟，豆科次之，还有少量的黍。

P93–H11

灰坑底部残余，坑壁竖直向下，平底，剖面形态为圆角方形，底角圆钝。底部残宽150厘米，剖面残高150厘米。灰坑内填土可以明显分为两层，第一层被顶部次生堆积破坏较严重，包含物较杂，甚至发现有瓷片；第二层发现有龙山时代红陶片及筒瓦残片。由于灰坑位置偏高，未进行植物样品采集。

P284–H1（图 3–3）

灰坑底部残余，坑壁略微外弧向下，平底，底角圆钝。底部残宽110厘米，剖面残高100厘米。填土为黄褐色，灰坑底部垫有一层含炭及烧土的灰土层。灰坑内发现的陶片多集中于底部灰层。进行了浮选土样和植硅石样品采集，土样中种子数量不多。在距离灰坑不远处还发现一座白灰面房址。

3. 锅底状坑

在调查过程中发现较少。开口一般保存较好，灰坑深度一般小于宽度，灰坑内包含物不多。

P44–H8（图 3–4）

灰坑底部残余，底部呈锅底状，开口清晰。口径残宽135厘米，剖面残高55厘米。填土为灰色。灰坑内包含物较少，未进行植物样品采集。

P90–H1（图 3–4）

灰坑底部残余，底部呈锅底状，开口较清晰。口径残宽110厘米，剖面残高60厘米。填土为黄褐色。灰坑内采集有龙山时代红陶片。未进行植物样品采集。

P44-H8

P90-H1

图 3-4　锅底状灰坑

（二）房址

调查过程中所发现的房址基本为白灰面垫底结构。白灰面系用熟石灰抹制，一般是先在居住面上垫一层草拌泥，然后在其上再抹石灰，白灰面厚 0.5~1 厘米。两侧墙裙的白灰面一般要比居住面上的白灰面更薄。大部分房址的墙壁都是自下而上逐渐内收，故靠近房基部分的墙壁多是斜直向上，因此推测应为窑洞式建筑。房址的灶坑基本位于一侧墙壁处，要么从墙壁向屋外掏挖，要么在紧靠墙壁处的房基向下掏挖，开口形状从剖面上难以判断；因长期烧烤，在灶坑的底部都会形成一层青灰色的烧土面，内部填有红烧土。门道结构从剖面上难以观察。房屋内多为倒塌堆积填土或分层淤泥，故房屋内包含物本身的年代与房址年代有较大误差。基本未进行植物样品的采集。

由于房址发现较多且大多结构相似，这里仅介绍成组分布的房址。

房址在不同海拔高度的剖面上有明显成组分布特征：

P32-F1、P34-F1

两座房址均面朝北，水平距离相隔 8 米，海拔 1333 米。P32-F1 位于一座现代窑洞的正上方，为单层白灰面房基，白灰面厚 0.5~1 厘米；仅一侧墙角保存完整，墙壁自房基斜直向上，并附着有白灰面墙裙；房基残宽 2.5 米，墙壁残高 50 厘米；在墙角处有一掏挖墙壁形成的灶坑结构，宽 40 厘米，包含有较多红烧土堆积，并在其中发现有龙山时代红陶片。P34-F1 为单层白灰面房基，白灰面厚 0.5~1 厘米；两侧墙角保存完整，墙壁竖直向上，并附着有墙裙；暴露房基宽 3.3 米，墙壁残高 1.5 米；在一侧墙角处有一向屋外掏挖的灶坑结构，高 30 厘米，宽 90 厘米，包含有较多红烧土堆积。

P42-F1、P42-F2

两座房址均面朝东北，水平距离相隔不足 20 米，海拔 1311 米。P42-F1 为单层白灰

面房基，中间错位断开并不连续，房基下有一层红褐色垫土层；两侧墙角保存状况较差，其中一侧集中有较多红烧土堆积，疑似应有灶坑结构；暴露房基残宽 3.13 米。P42-F2 为单层白灰面房基，房基下有一层红褐色垫土层；两侧墙角保存完整，墙壁斜直向上，并附着有白灰面墙裙；房屋内有多层填土堆积；暴露房基宽 2 米，墙壁残高 40 厘米。

P103-F1、P103-F2（图 3-5）

两座房址均面朝西南，水平距离相隔不足 20 米，海拔 1307 米。P103-F1 为单层白灰面房基；两侧墙角保存完整，墙壁竖直向上，没有白灰面墙裙；其中在一侧墙壁处向屋外掏挖了灶坑，宽 30 厘米，高 45 厘米，内含大量红烧土堆积；屋内发现有袋足残片；暴露房基宽 2.2 米，墙壁残高 80 厘米。P103-F2 为单层白灰面房基；两侧墙角保存完整，墙壁斜直向上，没有白灰面墙裙；其中在一侧墙壁处向屋外掏挖了灶坑，宽 50 厘米，高 40 厘米，内含大量红烧土堆积，且底部有一层灰烬；暴露房基宽 3.6 米，墙壁残高 60 厘米。

P132-F1、P132-F2

两座房址均面朝东，水平距离相隔不足 20 米，海拔 1296 米。P132-F1 为单层白灰面房基，两侧墙壁被冲沟破坏严重；屋内包含夹砂红陶花边口沿残片；暴露房基残宽 2.34 米。P132-F2 为单层白灰面房基；两侧墙壁保存完整，墙壁斜直向上，没有白灰面墙裙；在房基中部偏北端的白灰面上有宽约 40 厘米的烧黑痕迹，其上是红烧土堆积；暴露房基宽 2.82 米，墙壁残高 60 厘米。

P166-F1、P166-F2（图 3-5）

两座房址均面朝东，水平距离相隔不足 20 米，海拔 1262 米。P166-F1 为双层白灰面房基，上下两层白灰面间隔 4.3 厘米，较低的一层保存较差并不连续；两侧墙角保存完整，墙壁竖直向上，并附着有白灰面墙裙；暴露房基宽 2.63 米，墙壁残高 25 厘米。P166-F2 为单层白灰面房基；两侧墙角保存完整，墙壁竖直向上，并附着有白灰面墙裙；暴露房

P103-F2

P166-F1

图 3-5　房址

基宽 2.2 米，墙壁残高 20 厘米。

P168–F1、P168–F2

两座房址均面朝东北，水平距离相隔不足 20 米，海拔 1306 米。P168–F1 为单层白灰面房基，白灰面下有一层厚 15 厘米的灰黑色垫土层；两侧墙壁保存完整，墙壁斜直向上，没有附着白灰面墙裙；暴露房基宽 2.6 米，墙壁残高 80 厘米。P168–F2 为单层白灰面房基；两侧墙壁保存完整，墙壁斜直向上，没有附着白灰面墙裙；暴露房基宽 3.2 米，墙壁残高 1.2 米。

P19–F1、P24–F1、P29–F1

三座房址均面朝北，两两水平距离相隔仅 20 米，海拔分别为 1329 米、1338 米和 1344 米，垂直落差在 10 米范围内，尽管并非等海拔成排分布，但这三座房址整体位于调查区的南缘，远离房址密集区域，附近再无其他房址遗迹，属于遗址边缘区域。P19–F1 为单层白灰面房基，白灰面厚 0.5~1 厘米；两侧墙角为直角，保存完整，两侧墙壁竖直向上，附着有白灰面墙裙；暴露房基宽 4.2 米，墙壁残高 40 厘米。P24–F1 为单层白灰面房基，白灰面厚 0.5~1 厘米；两墙角被次生堆积破坏未保存下来；剖面暴露的房基残宽 1.9 米。P29–F1 为单层白灰面房基，白灰面厚 0.5~1 厘米；仅一侧墙角保存完整，墙壁斜直向上，并附着有白灰面墙裙；暴露房基残宽 2.54 米，墙壁残高 65 厘米。

P326–F1、P326–F2

两座房址均面朝南，水平距离相隔不足 3 米，海拔 1234 米，一定意义上可以看作是紧凑成排分布。P326–F1 为单层白灰面房基；两侧墙角保存完整，墙壁斜直向上，并附着有白灰面墙裙；暴露房基宽 4.88 米，墙壁残高 50 厘米。P326–F2 为单层白灰面房基，两侧墙角保存较差；房基表面发现有较多龙山时代红陶片；暴露房基残宽 2.5 米。

P327–F1、P327–F2、P327–F3、P327–F4、P327–F5

五座房址均面朝西南，自西向东连续分布于同一剖面上，海拔 1235 米。相比前述成组分布的房子，这五座水平距离相隔不足 3 米，一定意义上可以看作是紧凑成排分布。均为单层白灰面房基，除 F2 外，余四座房址的两侧墙角均保存较为完整，并附着有白灰面墙裙；F1 暴露房基宽 5.5 米，F2 残宽 2.6 米，F3 宽 2.7 米，F4 宽 2.4 米，F5 宽 3 米；F4 和 F5 在墙壁一侧有灶坑结构，内含红烧土堆积和灰烬层。

（三）墓葬

调查过程中对墓葬的判断基本是依据剖面所暴露的人骨。此次调查所见墓葬大多都存在被盗掘现象，保存情况较差，并且由于调查工作要求以记录为主，只简单清理出剖面墓葬轮廓，避免对其进行二次破坏，故这类遗迹中可采集的陶片等随葬遗物较少。由于仅依据墓葬的剖面形状对墓葬结构和类型进行判断是比较困难的，故这里只对发现墓葬的剖面形态和保存状况进行介绍。

P142-M1 和 P142-M2

P206-M1

P78-M1

图 3-6 墓葬

P125-M1

海拔 1263 米。残余墓底部，剖面形态为竖向长方形。墓葬上部被次生堆积破坏严重，剖面上暴露出髋骨，未发现有陶片等遗物，未有人为盗掘痕迹。墓葬底部残宽 60 厘米，残深 40 厘米。

P142-M1、P142-M2（图 3-6）

海拔 1281 米，两座墓葬水平距离相隔不足 3 米。剖面形态均为竖向长方形，墓底部均有一拱形盗洞，被盗掘严重。可在盗洞中看到零散的人骨碎片，并采集有残石器一件，未发现其他遗物。M1 底宽 65 厘米，M2 底宽 70 厘米。

P171-M1

海拔 1324 米。剖面形态为竖向长方形，两侧墓壁边界较为清晰，未有人为盗掘痕迹。剖面及地表散落有脊椎骨残片，未发现有陶片等遗物。墓葬残宽 55 厘米，残深 1.2 米。

P206-M1（图 3-6）

海拔 1306 米。剖面形态为竖向长方形，两侧墓壁边界较为清晰。在墓底部有一宽 40、高 60 厘米的盗洞，墓底部被盗掘严重，未发现相关遗物。墓葬残宽 70 厘米，残深 1.5 米。

P281-M1

海拔 1345 米。剖面形态为竖向长方形，两侧墓壁边界较为清晰，墓底深入地下并未暴露出来。未有人为盗掘痕迹。墓葬宽 40 厘米，残深 80 厘米。

P314-M1

海拔 1332 米。剖面形态为竖向长方形，残余墓底部分，两侧墓壁边界较为清晰。未有人为盗掘痕迹，墓底部受侵蚀破坏严重，剖面上有肋骨残片暴露。墓葬残宽1 米，残高 1.2 米。

P318–M1、P318–M2

海拔 1303 米，两座墓葬水平距离相隔不足 10 米。剖面形态均为竖向长方形，M1底部有人为掏挖痕迹，人骨被扰动严重，未有遗物发现；墓宽 60 厘米，残深 1.5 米。M2底部有一圆拱形盗洞，不见人骨及遗物；墓葬残宽 70 厘米，残深 1 米。

P78–M1（图 3-6）

海拔 1337 米。剖面形态为横向长方形。上部有一较大的拱形盗洞，墓葬内部残存较完整的四肢骨，其余被扰动剧烈，未发现有随葬遗物。墓葬残宽 140 厘米，残高 35 厘米；盗洞宽 80 厘米，高 60 厘米。

P237–M1

海拔 1287 米。剖面形态为横向长方形。墓葬上部被破坏严重无法辨认，人骨因较大盗洞而暴露出来，盗洞内未发现有其他相关遗物。盗洞宽 60 厘米，高 65 厘米。

P267–M1

海拔 1328 米。剖面形态为横向长方形。墓葬内有人为盗掘痕迹，人骨被扰动剧烈，残余髋骨残片，未发现有相关遗物。墓葬残宽 67 厘米，残高 40 厘米。

P319–M1

海拔 1307 米。剖面形态为横向长方形。未有人为盗掘痕迹，墓葬底部可见四肢骨从剖面伸出。墓葬残宽 1.2 米，残高 45 厘米。

P315–M1

海拔 1329 米。剖面形态为横向长方形。未有人为盗掘痕迹，墓葬底部可见肋骨和四肢骨从剖面伸出。墓葬残宽 1.2 米，残高 20 厘米。

此外，我们还在 P58、P97 两处发现有裸露在剖面上的人骨，包括头骨及四肢骨残骸，但这些人骨受附近冲沟影响剧烈，很有可能并不是原生堆积，而是受冲沟的搬运作用影响来自他处。

（四）窑址

调查过程中发现有汉代砖窑和龙山时期横穴窑两种窑址，前者较易辨认，后者一般由窑室、火道、火膛三部分组成。由于结构复杂，发现的部分窑址受截面位置影响在剖面上难以辨别具体结构，并且有可能与灶坑混淆。

P109–Y1

残余窑室部分，坑状。上、下窑壁均有因长期烧烤而形成的红色烧土面，烧土厚约10 厘米，窑室下方的窑外土质受高温影响土色为青灰色。火膛结构应位于地表之下尚未暴露。窑室方向在西北，火膛方向在东南。窑室残宽 50 厘米，残高 40 厘米。

P121–Y1

残余窑室底部。底部被一现代窑洞打破。窑室内充填灰土堆积，含草木灰烬及少量龙山时代红陶片。由于窑室位置较高，无法对其进行刮面清理，故具体结构不清。

P131–Y1

残余火膛部分。位于窑室的东南侧，袋状，平底，内部填充红烧土。残口径100厘米，残底径80厘米，深60厘米。窑室部分被破坏严重，未在剖面暴露。

P145–Y1、P275–Y1（图3-7）

两座窑址结构相同，均是自窑室至火膛的竖向剖面，窑室及火道保存完整，火膛残余近火道处。窑室开口呈椭圆形，坑状，口径60~90厘米，深40厘米。火道平均径宽20~30厘米，自窑室底部通向火膛，逐渐下斜至火膛底部。窑室与火膛之间的隔梁厚20厘米。火膛开口形状不清，呈袋状，残深60厘米；表面烧结成青灰色硬面，厚2厘米，其下红烧土受侵蚀影响大部分都已不存。窑址内充填灰土堆积，包含草木灰烬，出土少量龙山时代晚期陶片。

P145–Y1

P275–Y1

图3-7 窑址

二、遗物

（一）陶器

此次调查在136个遗迹单位采集陶片共计1507片，其中1463片为龙山时代陶片。

陶片质料有泥质红陶、夹砂红陶、泥质灰陶、夹砂灰陶和泥质黄褐陶。泥质陶多、夹砂陶少，红陶多、灰陶少（附表1）。夹砂陶掺入的砂砾多较粗，泥质陶中有相当比

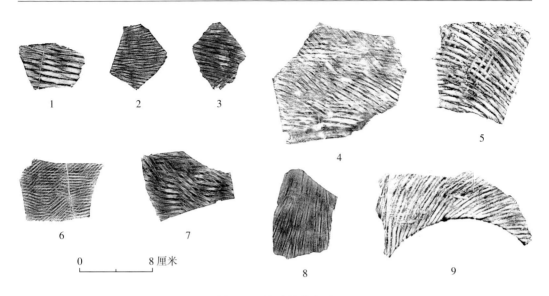

图 3-8　陶片纹饰拓片

1~3. 横篮纹　　4~7. 交错篮纹　　8. 竖篮纹　　9. 斜篮纹

例的细泥红陶。

纹饰以篮纹及绳纹为主，兼有少量的附加堆纹、戳印纹及菱形网格纹。（图 3-8、3-9）篮纹居多，绳纹主要饰于夹砂陶上；附加堆纹数量不多，多呈条带状饰于口沿上，也有横斜交错饰于腹部的。素面陶片不多，多数是位于折肩罐肩部以上部分，故并非通体素面，也有部分素面是将原有纹饰涂抹磨光形成。

从器形上看，此次调查可辨认器类包括罐、三足器、豆、盆、碗、杯、缸、甑等。可复原完整器极少，绝大多数均为陶器残片。

1. 罐

可分为 A、B、C 三型。

A 型　折肩罐。喇叭口，短颈，斜折肩，深腹，平底，肩部折肩稍钝。

标本 P34-F1：1，泥质红陶。颈部及折肩以上素面，修抹光滑，折肩以下饰斜篮纹和横篮纹，底部饰交错绳纹。口径 18、肩径 31、底径 14 厘米，通高 49 厘米，壁厚 0.8 厘米。（图 3-10，1；彩版 1，1）

标本 P158-H2：1，泥质红陶。近底部残片。近底部饰斜篮纹，底部素面。底径 16 厘米，残高 4.5 厘米，底厚 0.8、壁厚 0.8 厘米。（图 3-10，2）

标本 P4-H1：1，泥质红陶。近底部残片。近底部饰横篮纹，底部饰交错篮纹。底径 12 厘米，残高 4 厘米，底厚 0.7、壁厚 0.7~1 厘米。（图 3-10，3）

标本 P73-F1：1，泥质红陶。近底部残片。近底部饰横篮纹，底部素面。底径 14 厘米，残高 5.2 厘米，底厚 0.4、壁厚 0.8 厘米。（图 3-10，4）

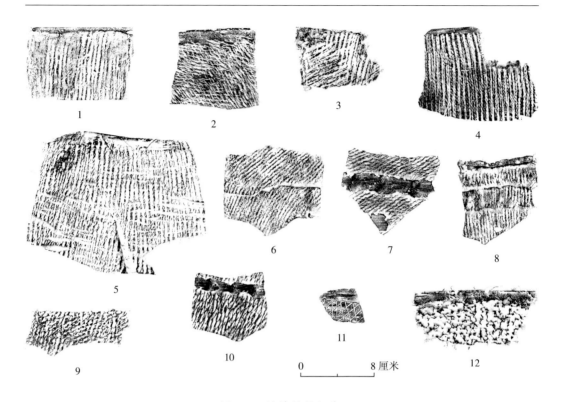

图 3-9　陶片纹饰拓片

1、4、5. 竖绳纹　2、3. 交错绳纹　6. 斜绳纹　7、8、10. 附加堆纹　9、12. 戳印纹　11. 菱形网格纹

标本 P290-F1：1，泥质红陶。折肩下底部残片。折肩以下饰斜篮纹和竖篮纹，底部素面。底径 9.8 厘米，残高 11.8 厘米，底厚 1、壁厚 0.6 厘米。（图 3-10，5）

标本 P136-F1：1，泥质红陶。折肩下底部残片。折肩以下饰斜篮纹，底部素面。底径 12 厘米，残高 10.8 厘米，底厚 0.5、壁厚 0.5 厘米。（图 3-10，6）

标本 P240-H1：1，泥质红陶。折腹部残片。折肩以上素面，修抹光滑，折肩以下饰斜篮纹。壁厚 0.5~0.6 厘米。（图 3-10，7）

标本 P185-F1：1，泥质红陶。近底部残片。近底部饰斜篮纹，底部饰戳印篮纹。底径 12 厘米，残高 3 厘米，底厚 0.9、壁厚 0.7 厘米。（图 3-10，8）

标本 P2-H2：1，泥质灰陶。近底部残片。近底部饰斜篮纹，底部饰交错篮纹。底径 12 厘米，残高 3.5 厘米，底厚 0.8、壁厚 0.7 厘米。（图 3-10，9）

折肩罐残片均为泥质陶，大部分为红陶，个别为灰陶；纹饰均以折肩为界，上部磨光，下部饰篮纹（斜向、竖向、横向皆有），罐底饰交错篮纹。通过完整器来看，该类罐一般为喇叭口，折肩处位于器身二分之一偏上，颈部与底部直径基本一致且偏小，而肩部较宽。折肩夹角为 120°~130°。器高达 40 厘米以上，整体体量偏大。

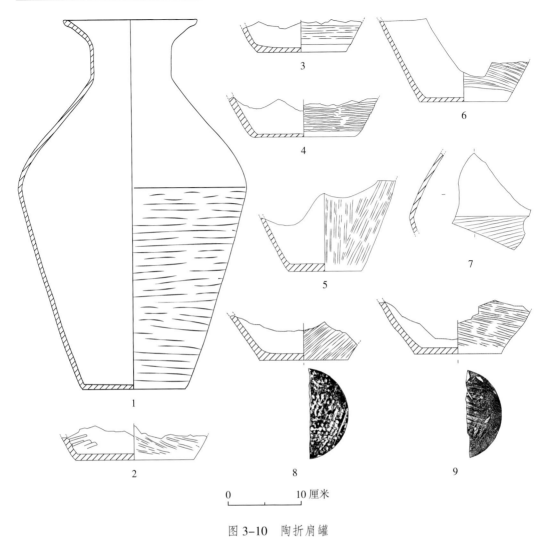

图 3-10 陶折肩罐

1. P34-F1：1   2. P158-H2：1   3. P4-H1：1   4. P73-F1：1   5. P290-F1：1   6. P136-F1：1   7. P240-H1：1
8. P185-F1：1   9. P2-H2：1

B 型   敛口圆腹罐。仅一件。

标本 P136-F1：2，夹砂红陶。上半器身残片。敛口，斜平沿，圆腹，器身宽矮，残有一器耳，器耳与口沿平齐，接于上半器身。近口部素面，器身及耳面饰竖向细绳纹。口径 9.2 厘米，残高 8 厘米，器耳高 7.6 厘米，壁厚 0.5 厘米。（图 3-11，1）

C 型   侈口圆腹罐。可分为三个亚型。

Ca 型   侈口，圆唇，圆腹，无耳。

标本 P41-H2：1，夹砂灰陶。口领部残片。侈口较大，圆唇。领部素面，腹部饰竖向粗绳纹。壁厚 0.5~0.6 厘米。（图 3-11，2）

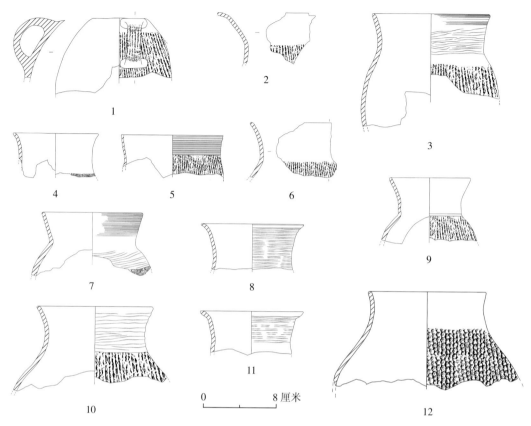

图 3-11　陶侈口圆腹罐、敛口圆腹罐

1. P136-F1：2　2. P41-H2：1　3. P71-H1：1　4. P2-H2：2　5. P116-H2：1　6. P256-H1：1　7. P240-H1：2
8. P272-H1：1　9. P86-H1：1　10. P296-H1：1　11. P272-H1：2　12. P116-H2：2（1. B 型敛口圆腹罐　2~12. Ca
型侈口圆腹罐）

　　　标本 P18-H1：1，泥质红陶。口领部残片。口微侈，圆唇。领部素面。口径 12 厘米，
壁厚 0.4~0.5 厘米。

　　　标本 P71-H1：1，夹砂灰陶。口腹部残片。口微侈，圆唇。近口部有轮制痕迹，领
部饰横篮纹，腹部饰粗绳纹。口径 16 厘米，壁厚 0.7 厘米。（图 3-11，3）

　　　标本 P2-H2：2，泥质灰陶。口领部残片。口微侈，圆唇。近口部有轮制痕迹，领部素面，
腹部饰细绳纹。口径 12 厘米，壁厚 0.4 厘米。（图 3-11，4）

　　　标本 P116-H2：1，夹砂灰陶。口腹部残片。口微侈，圆唇。领部素面，修抹光滑，
腹部饰戳印绳纹。口径 14 厘米，壁厚 0.4 厘米。（图 3-11，5）

　　　标本 P256-H1：1，夹砂红陶。口领部残片。口微侈，圆唇。领部有轮制痕迹，腹部
饰戳印绳纹。壁厚 0.5 厘米。（图 3-11，6）

　　　标本 P240-H1：2，夹砂红陶。口领部残片。口微侈，圆唇。领部有轮制痕迹，腹部

与领部相接处饰斜篮纹，以下饰竖向粗绳纹。口径 14 厘米，领部壁厚 0.4、腹部壁厚 0.7 厘米。（图 3-11，7）

标本 P272-H1：1，泥质红陶。口领部残片。侈口较大，尖圆唇。领部饰横篮纹。口径 14 厘米，壁厚 0.4 厘米。（图 3-11，8）

标本 P86-H1：1，夹砂红陶。口腹部残片。口微侈，圆唇。领部素面，腹部饰竖向粗绳纹。口径 11 厘米，壁厚 0.5 厘米。（图 3-11，9）

标本 P296-H1：1，夹砂红陶。口腹部残片。口微侈，圆唇。领部饰横篮纹，腹部饰竖向粗绳纹。口径 16 厘米，壁厚 0.5 厘米。（图 3-11，10）

标本 P272-H1：2，泥质红陶。口领部残片。口微侈，尖圆唇。领部饰横篮纹。口径 14 厘米，壁厚 0.5 厘米。（图 3-11，11）

标本 P116-H2：2，夹砂红陶。口腹部残片。口微侈，尖圆唇。领部饰横篮纹，腹部饰竖向细绳纹。口径 16 厘米，壁厚 0.4 厘米。（图 3-11，12）

Ca 型侈口罐以夹砂陶为主，红陶为主；尖圆唇较薄，厚度与领部壁厚基本一致；领部饰横篮纹或素面（也可能是原有篮纹但被磨平），以下腹部通体饰竖向绳纹。

Cb 型 侈口，口部作锯齿花边状，圆腹，有耳。

标本 P5-H1：1，夹砂红陶。口领部残片。口微侈，口部作锯齿花边状。领部素面，修抹光滑，腹部饰竖篮纹。壁厚 0.8 厘米。

标本 P160-F1：1，夹砂红陶。口腹部残片。口微侈，口部作锯齿花边状，接一残器耳。领部饰斜篮纹。壁厚 0.9、器耳根部厚 1.5 厘米。（图 3-12，1）

标本 P256-H1：2，夹砂红陶。口腹部残片。侈口较大，口部作锯齿花边状，自口沿至上腹部接有一完整器耳。领部、腹部及耳面皆饰竖篮纹。口径 20 厘米，壁厚 0.9、器耳壁厚 1.2 厘米。（图 3-12，2；彩版 1，2）

标本 P36-H2：1，泥质红陶。口腹部残片。口微侈，口部作锯齿花边状。领部素面，腹部饰斜篮纹。壁厚 0.6 厘米。（图 3-12，3）

标本 P217-F1：1，泥质红陶。口腹部残片。侈口，口部作锯齿花边状，自口沿向下接有一残器耳。通体饰斜篮纹，耳部素面。口径 20 厘米，壁厚 1、器耳壁厚 1 厘米。（图 3-12，4；彩版 1，3）

标本 P132-F1：1，泥质红陶。口腹部残片。口微侈，口部作锯齿花边状，自口沿接有一残器耳。领部、腹部及耳面皆饰斜篮纹。口径 21.5 厘米，壁厚 0.9、器耳壁厚 1 厘米。（图 3-12，5）

标本 P297-H1：1，夹砂灰陶。口领部残片。侈口较大，口部作锯齿花边状。领部素面，腹部饰横篮纹。壁厚 0.6 厘米。（图 3-12，6）

Cb 型侈口罐以夹砂陶为主，红陶为主；尖圆唇较薄，厚度与领部壁厚基本一致，口

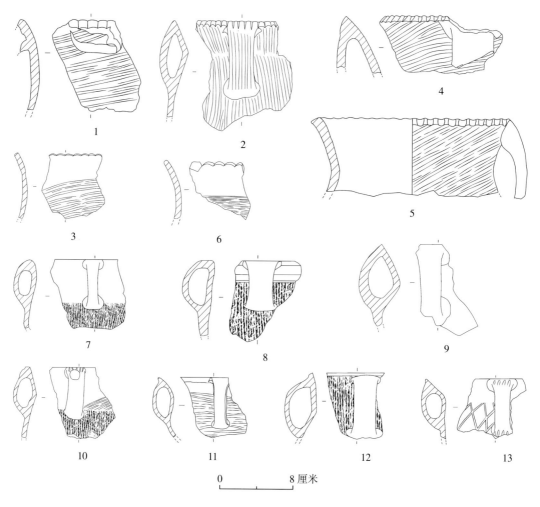

图 3-12　陶花边侈口罐、单耳小罐

1. P160-F1：1　2. P256-H1：2　3. P36-H2：1　4. P217-F1：1　5. P132-F1：1　6. P297-H1：1　7. P71-H1：2
8. P124-H2：1　9. P123-H1：1　10. P240-H1：3　11. P124-H1：1　12. P34-F1：2　13. P289-H1：1（1~6. Cb
型花边侈口罐　7~13. Cc 型小型带耳侈口罐）

部作锯齿花边状。领部饰篮纹或素面磨光，腹部饰斜篮纹。

　　Cc 型　侈口，尖圆唇，平底，有耳。器体较小。

　　标本 P71-H1：2，夹砂灰陶。口微侈，圆唇，自口沿至上腹部接有一完整器耳。领部素面，腹部饰竖向细绳纹。口径 8 厘米，壁厚 0.5、器耳壁厚 0.5 厘米。（图 3-12，7）

　　标本 P124-H2：1，夹砂红陶。口微侈，圆唇，领部位置较高，自口沿至上腹部接有一完整器耳。领部素面，腹部饰竖向细绳纹。口径 10 厘米，壁厚 0.8、器耳壁厚 0.6 厘米。（图 3-12，8）

　　标本 P123-H1：1，细泥红陶。侈口较大，尖圆唇，自口沿至上腹部接有一残器耳。

领部及腹部素面抹光。壁厚 0.6、器耳壁厚 0.9 厘米。（图 3-12，9）

标本 P240-H1：3，夹砂红陶。口微侈，圆唇，自口沿至上腹部接有一完整器耳。领部素面，接领处腹部饰斜篮纹，下饰戳印绳纹，近口沿处耳面有一贴塑圆錾，并有多道竖向刻划纹。口径 12 厘米，领部壁厚 0.5、腹部壁厚 0.8 厘米。（图 3-12，10）

标本 P124-H1：1，泥质红陶。敞口，尖圆唇，自口沿至上腹部接有一完整器耳。领部素面，腹部饰横篮纹。口径 10 厘米，壁厚 0.3、器耳壁厚 0.4 厘米。（图 3-12，11；彩版 1，4）

标本 P34-F1：2，夹砂红陶。口微侈，圆唇，自口沿至上腹部接有一完整器耳。领部及腹部均饰被抹平的竖向细绳纹。口径 10 厘米，领部壁厚 0.6、腹部壁厚 0.3、器耳壁厚 0.5 厘米。（图 3-12，12）

标本 P289-H1：1，夹砂红陶。敞口，尖圆唇，自口沿至上腹部接有一完整器耳。领部素面，腹部饰菱形网格刻划纹，器耳上下根部饰多个戳孔。口径 10 厘米，壁厚 0.5、器耳壁厚 0.5 厘米。（图 3-12，13）

Cc 型侈口罐均为带耳小罐，以夹砂灰陶和泥质红陶为主；领部素面，腹部饰绳纹，也有通体饰篮纹的；所发现均为口沿连接器耳残片，体量很小，口径复原不足 10 厘米，腹最大径不足 15 厘米，单双耳情况不明。

2. 斝

可分为 A、B 两型。

A 型　直口，平沿，唇沿内敛，直腹。仅一件。

标本 P300-H2：1，夹砂灰陶。口腹部残片。直口，平沿，唇沿内敛明显，直腹。口沿顶上有数周弦纹，口下有三角形坑状戳印纹，腹上部有两道线纹，由于器身残缺，腹部纹饰及有无器耳情况未知。壁厚 0.4、唇厚 0.8 厘米。（图 3-13，3）

B 型　敞口，深腹，腹上部内收，腹下部外鼓或竖直，腹底部折棱明显，圆裆或平裆，下接三袋足，袋足内含泥球。

标本 P255-H1：1，夹砂灰陶。腹裆部残片，袋足缺失。侈口，腹上部内收，腹下部竖直，圆裆。领部饰横篮纹，腹部饰竖向粗绳纹，残袋足饰横篮纹。口径 20、腹最大径 23 厘米，残高 25 厘米，壁厚 0.7 厘米。（图 3-13，1）

标本 P86-H1：2，夹砂红陶。腹裆部残片，袋足及上腹部缺失。腹下部竖直，圆裆。腹部饰竖向绳纹，裆部及袋足饰斜篮纹。壁厚 0.7~0.8 厘米。（图 3-13，2；彩版 1，5）

3. 鬲

仅一件鬲足。

标本 P95-H1：1，夹砂红陶。空袋足，较短胖，足尖内有球状芯，实足跟较短。表面饰斜篮纹。残高 15.5 厘米，壁厚 0.6 厘米。（图 3-13，4）

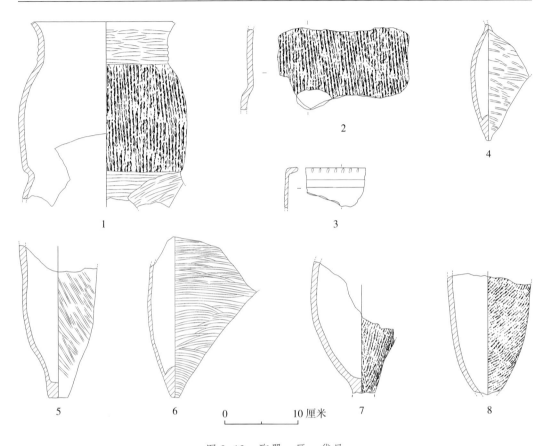

图 3-13　陶鬲、鬲、袋足

1、2. B 型鬲（P255-H1∶1、P86-H1∶2）　3. A 型鬲（P300-H2∶1）　4. 鬲（P95-H1∶1）　5~8. 袋足（P255-H2∶1、P136-F1∶3、P86-H1∶3、P155-H1∶1）

4. 袋足

标本 P86-H1∶3，夹砂红陶。肥空袋足，足尖残缺，内无球状芯。表面饰粗绳纹。残高 17.7 厘米，壁厚 0.8 厘米。（图 3-13，7）

标本 P155-H1∶1，夹砂红陶。空袋足，较瘦长，足尖残缺。表面饰细绳纹。残高 16 厘米，壁厚 0.7 厘米。（图 3-13，8）

标本 P255-H2∶1，夹砂红陶。空袋足，较瘦长，足尖平，内无球状芯，实足跟明显。表面饰斜篮纹。残高 20 厘米，壁厚 0.5~1、底厚 2 厘米，底径 2.5 厘米。（图 3-13，5）

标本 P136-F1∶3、4、5，三者为同一件三足器的三袋足。夹砂红陶。足尖平，内含球状芯。表面饰斜篮纹。残高 22 厘米，壁厚 0.5 厘米。（图 3-13，6）

5. 足尖

标本 P92-H1∶1，夹砂红陶。足尖平，内球状芯不明显。表面饰斜篮纹。残高 10.5 厘米，底径 1.1 厘米，壁厚 0.8、底厚 3 厘米。（图 3-14，1）

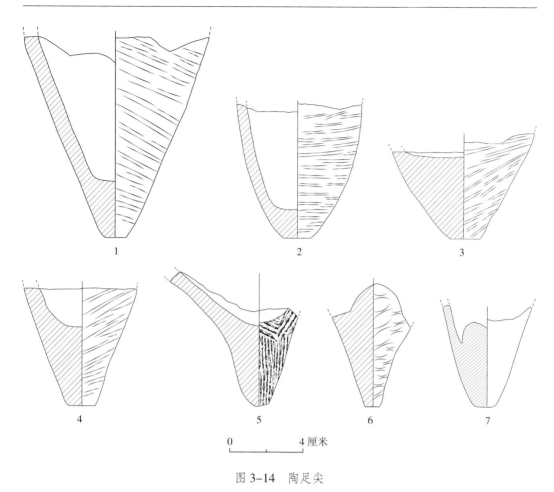

图 3-14 陶足尖

1. P92-H1∶1　2. P103-F1∶1　3. P110-H1∶1　4. P5-H1∶2　5. P154-H1∶1　6. P160-F1∶2　7. P240-H1∶4

标本 P103-F1∶1，夹砂红陶。足尖平，内无球状芯。表面饰横篮纹。残高 7 厘米，底径 1.5 厘米，壁厚 0.5、底厚 1.5 厘米。（图 3-14，2）

标本 P110-H1∶1，夹砂红陶。足尖平，内无球状芯。表面饰斜篮纹。残高 5.5 厘米，底径 1.5 厘米，壁厚 0.5、底厚 4.2 厘米。（图 3-14，3）

标本 P5-H1∶2，夹砂红陶。足尖平，内无球状芯。表面饰斜篮纹。残高 6.3 厘米，底径 1.4 厘米，壁厚 0.9、底厚 4.2 厘米。（图 3-14，4）

标本 P154-H1∶1，夹砂红陶。足尖圆钝，内无球状芯。表面饰交错篮纹。残高 7 厘米，壁厚 0.7、底厚 4.2 厘米。（图 3-14，5）

标本 P160-F1∶2，夹砂红陶。足尖平，内含球状芯。表面饰按压纹。残高 6.3 厘米，底径 0.8 厘米。（图 3-14，6）

标本 P240-H1∶4，夹砂红陶。足尖圆钝，内含球状芯。表面纹饰被抹平。残高 4.5 厘米，

壁厚 0.4 厘米。（图 3-14，7）

6. 豆

多为豆盘及把部残片。敞口，平底，把部较粗且垂直向底座延伸。素面。

标本 P109-H1：1，泥质红陶。残豆盘。敞口，浅腹，把部较粗。素面，盘底部饰垂直交错篮纹。把径 19 厘米，盘厚 1、把厚 0.7 厘米。（图 3-15，1）

标本 Q17：1，泥质红陶。残豆盘。敞口，腹较深，把部细长。豆盘表面及底部素面，把部素面。把径 9.5 厘米，残高 10 厘米，盘厚 0.6、把厚 0.5 厘米。（图 3-15，2）

标本 P315-H1：1，泥质红陶。残豆盘。敞口，浅腹，把部细长。豆盘表面及底部素面，把部素面。把径 7 厘米，残高 3 厘米，盘厚 0.6、把厚 0.6 厘米。（图 3-15，3）

7. 碗

细泥红陶。直口，碗壁斜直。器表饰篮纹，器底素面。

标本 P55-H1：1，细泥红陶。口部残缺，碗壁斜直。表面饰竖向细篮纹，近底部素面。底径 9.6 厘米，残高 5 厘米，壁厚 0.6、底厚 0.6 厘米。（图 3-15，4）

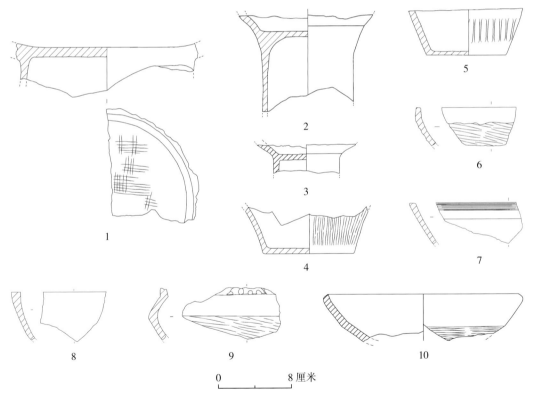

图 3-15　陶豆、碗、盆

1~3. 豆（P109-H1：1、Q17：1、P315-H1：1）　4、5. 碗（P55-H1：1、P132-F1：2）　6~8、10. A 型盆（P173-H2：1、P240-H1：5、P290-F1：2、P92-H1：2）　9. B 型盆（P18-H1：2）

标本 P132-F1：2，细泥红陶。直口，碗壁斜直。表面饰竖向粗篮纹，近底部素面。口径 12、底径 8.2 厘米，高 5 厘米，壁厚 0.7、底厚 0.5 厘米。（图 3-15，5）

8. 盆

结合残片观察，可分为两型。

A 型 腹壁斜直，平沿。

标本 P173-H2：1，泥质灰陶。口部残片。大口，窄平沿，腹壁斜直。近口部附加一周贴塑，器表饰斜篮纹。残高 4 厘米，贴塑宽 2 厘米，壁厚 0.5 厘米。（图 3-15，6）

标本 P240-H1：5，泥质灰陶。口部残片。敞口，平沿较宽，腹壁斜直。近口部有轮制痕迹，器表素面磨光。残高 5 厘米，壁厚 0.8~1 厘米。（图 3-15，7）

标本 P290-F1：2，夹砂红陶。口部残片。大口，宽平沿，腹壁稍圆弧，腹部较深。器表素面。残高 8 厘米，壁厚 0.6~1.6 厘米。（图 3-15，8）

标本 P92-H1：2，夹砂灰陶。口部残片。敞口，斜向平沿，腹壁斜直。近口部素面磨光，下饰横篮纹。口径 22 厘米，残高 5.1 厘米，壁厚 0.7 厘米。（图 3-15，10）

B 型 折肩，腹壁斜直。仅一件。

标本 P18-H1：2，泥质红陶。口肩部残片。平沿，腹部较深，口沿部附加一周带按压孔泥条，中部钝角折肩，折肩上下壁斜直。上部素面磨光，下部饰横篮纹。残高 9 厘米，壁厚 0.8~1 厘米。（图 3-15，9）

9. 杯

斜直深腹，小平底，口部情况未知。

标本 P3-H1：1，夹砂红陶。腹底部残片。器表饰竖向细绳纹。残高 3.5 厘米，底径 4 厘米，底厚 0.5、壁厚 0.8 厘米。（图 3-16，1）

标本 P116-H1：2，夹砂灰陶。腹底部残片。器表饰竖向细绳纹。残高 3.9 厘米，底径 6.4 厘米，底厚 0.5、壁厚 0.4 厘米。（图 3-16，2）

标本 P210-F1：1，夹砂灰陶。腹底部残片。器表饰交错刻划纹。残高 3 厘米，底径 4.5 厘米，底厚 0.6、壁厚 0.4 厘米。（图 3-16，3）

10. 缸

平沿，宽平唇，直口，腹壁竖直向下。

标本 P34-F1：3，夹砂红陶。口部残片。近口沿处一周素面，下饰竖向细绳纹。口径 30 厘米，残高 11.7 厘米，壁厚 0.8、唇厚 1.4 厘米。（图 3-16，4）

标本 P279-Y1：1，夹砂红陶。口部残片。近口沿处一周素面，下饰竖向细绳纹。口径 34 厘米，残高 7 厘米，壁厚 0.7、唇厚 1.7 厘米。（图 3-16，5）

11. 耳錾

标本 P109-H1：2，泥质红陶。舌状耳錾，垂直壁面向外延伸，錾首中部按压内凹。

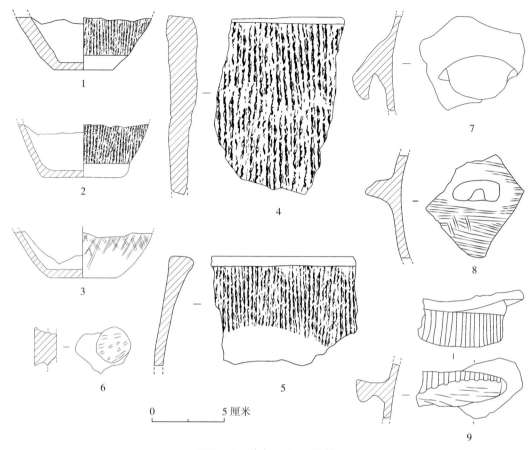

图 3-16　陶杯、缸、耳錾

1~3. 杯（P3-H1∶1、P116-H1∶2、P210-F1∶1）　4、5. 缸（P34-F1∶3、P279-Y1∶1）　6~9. 耳錾（P136-F1∶6、P95-H1∶1、P109-H1∶2、P301-H1∶1）

器壁饰交错篮纹。耳錾长 2.5、厚 2 厘米，壁厚 0.9 厘米。（图 3-16，8）

标本 P301-H1∶1，夹砂灰陶。舌状耳錾，垂直壁面向外延伸，錾首边缘折棱明显，錾表面较平，上饰数道竖向刻槽，錾底面内凹。耳錾长 2.2、厚 0.9~1.5 厘米，壁厚 0.5 厘米。（图 3-16，9）

标本 P95-H1∶1，泥质红陶。舌状耳錾，沿壁面向斜下方延伸，錾底面内凹明显。通体素面。耳錾长 1.7、厚 0.8~1.5 厘米，壁厚 0.6 厘米。（图 3-16，7）

标本 P136-F1∶6，夹砂红陶。圆纽状耳錾。錾纽表面饰斜篮纹。耳錾径长 3.7、厚 1.1 厘米，壁厚 0.7 厘米。（图 3-16，6）

12. 子母口残沿

标本 P300-H1∶1，泥质灰陶。直口，平沿，内唇沿高于外唇沿。器表素面磨光。残高 8.9 厘米，内唇沿厚 0.8、壁厚 0.8~1.2 厘米。（图 3-17，2）

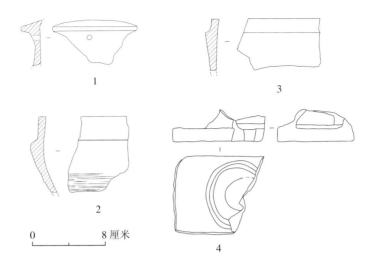

图 3-17 陶器盖、子母口沿、抹

1.器盖（P95-H1：2） 2、3.子母口沿（P300-H1：1、P211-H1：1） 4.抹（Q12：3）

标本 P211-H1：1，泥质灰陶。直口，宽平沿，内唇沿高于外唇沿。器表素面磨光。残高 5.5 厘米，口径 28 厘米，内唇沿厚 0.8、壁厚 0.7~1.3 厘米。（图 3-17，3）

13. 器盖

仅一件。

标本 P95-H1：2，泥质灰陶。盖顶及下部残缺，仅剩盖把。盖顶作伞状，边缘一周竖向平沿，下接细颈，颈侧有两个相对称的圆形镂孔，把身中空。器表素面磨光。残高 4.9 厘米，顶沿宽 0.4 厘米，壁厚 2.1、把壁厚 0.6~1.1 厘米，镂孔孔径 0.5 厘米。（图 3-17，1）

14. 瓦片

均为红陶。瓦边残片，主要分为槽形板瓦和筒瓦两类。

（1）槽形板瓦

标本 Q12：2，夹砂红陶。残余折槽，近直角，折棱明显，槽边外撇。瓦面及槽边均饰细绳纹。瓦面厚 0.9、槽边厚 0.9 厘米。（图 3-18，1；彩版 2，1）

标本 P36-F1：2，夹砂红陶。残余瓦面和折槽，折槽近直角，槽边缺失。瓦面饰细绳纹。瓦面厚 1.2、槽边厚 0.8 厘米。（图 3-18，2；彩版 2，2）

标本 P272-H1：3，泥质红陶。残余折槽，近直角，折棱明显。瓦面及槽边均饰横篮纹。瓦面厚 1.2、槽边厚 0.8 厘米。（图 3-18，3）

（2）筒瓦

标本 P258-H1：1，泥质红陶。残余一侧瓦边，边缘宽平，弯拱弧度较小。表面饰粗绳纹。

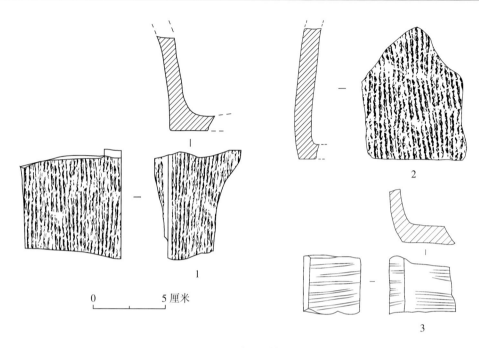

图 3-18　陶槽形板瓦
1. Q12：2　2. P36-F1：2　3. P272-H1：3

瓦边至瓦顶高 4.3 厘米，壁厚 0.8~0.9 厘米。（图 3-19，1；彩版 3，1）

　　标本 P258-H1：2，夹砂红陶。残余一侧瓦边，靠近瓦边处有垂直方向的短粗刻槽，弯拱弧度较小，瓦边稍内敛。素面。瓦边至瓦顶高 5.7 厘米，壁厚 1.4 厘米。（图 3-19，2）

　　标本 P262-H1：1，夹砂红陶。残余一侧瓦边，边缘宽平，瓦边弯曲不齐整弯拱弧度较小。表面饰交错篮纹。瓦边至瓦顶高 6.2 厘米，壁厚 1.2~1.5 厘米。（图 3-19，3）

　　标本 P265-Y1：1，夹砂红陶。残余一侧瓦边，瓦边贴塑泥条加固，边缘宽平，弯拱弧度较小。表面饰斜向绳纹。瓦边至瓦顶高 6 厘米，壁厚 0.9~1 厘米。（图 3-19，4）

　　标本 P272-H1：5，泥质红陶。残余一侧瓦边，边缘宽平，弯拱弧度较大。表面饰交错篮纹。壁厚 1.1 厘米。（图 3-19，5）

　　标本 P272-H1：4，夹砂灰陶。残余一侧瓦边，瓦边有贴塑泥条加固，边缘宽平，弯拱弧度较小。表面饰横篮纹。瓦边至瓦顶高 5 厘米，壁厚 0.5~0.6 厘米。（图 3-19，6；彩版 3，2）

　　标本 P272-H1：6，泥质红陶。残余一侧瓦边，边缘宽平，瓦边内收，弯拱弧度较大。表面饰细绳纹。壁厚 0.8 厘米。（图 3-19，7）

　　标本 Q12：1，泥质红陶。残余一侧瓦边，瓦边贴塑泥条加固，边缘宽平，弯拱弧度

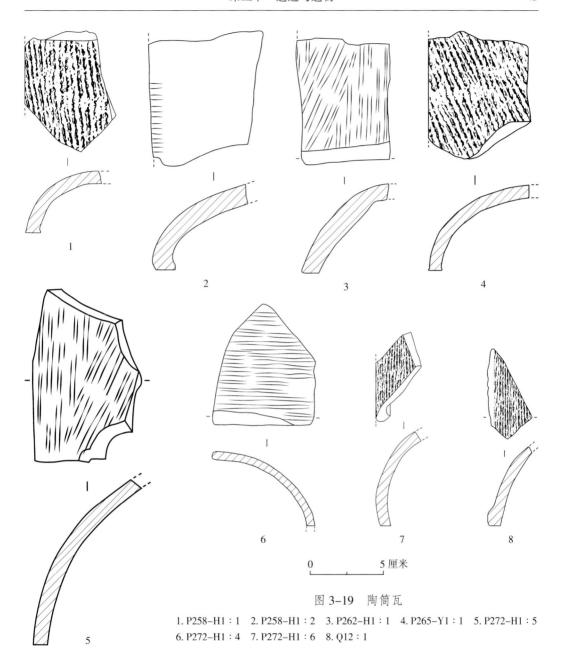

图 3-19 陶筒瓦

1. P258-H1：1　2. P258-H1：2　3. P262-H1：1　4. P265-Y1：1　5. P272-H1：5
6. P272-H1：4　7. P272-H1：6　8. Q12：1

较大。表面饰细绳纹。壁厚 0.6~0.8 厘米。（图 3-19，8）

15. 抹

仅一件。

标本 Q12：3，夹砂红陶。残剩一半，握把残损，平面呈长方形。残长 10、残宽 8.5 厘米，抹面厚 1.5 厘米，握把残高 2 厘米。（图 3-17，4；彩版 1，6）

（二）石器

1. 凿

标本 P95-H1：3，上部残。通体磨制。方体楔形，横截面呈长方形，平顶窄刃，棱角较圆钝。残长 5、宽 2.1、厚 1.5 厘米。（图 3-20，1）

标本 P103-F1：3，上部及一侧残。通体磨光。扁体长条形，平顶宽刃，棱角分明。残长 8、残宽 2.5、厚 1.1 厘米。（图 3-20，2）

2. 矛

标本 P35-H1：1，绿灰色板岩。通体磨光。略呈尖叶状，上端残，两侧及边上、下部皆磨成刃，刃缘锋利。残长 8.2、残宽 4.1、厚 0.5 厘米。（图 3-20，3）

3. 刀

标本 P266-H1：1，灰褐色细石英砂岩。上、下部皆残。通体磨光。长方形单侧带穿

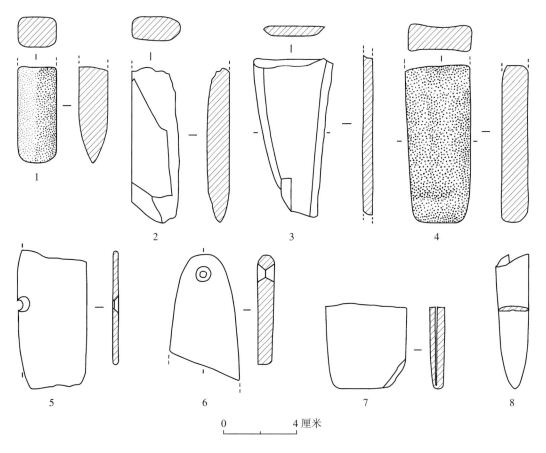

图 3-20　石器、骨器

1、2. 石凿（P95-H1：3、P103-F1：3）　3. 石矛（P35-H1：1）　4. 砺石（P246-H2：1）　5、6. 石刀（P266-H1：1、P142-M1：1）　7. 石坯料（Q13：1）　8. 骨梭（P86-H1：4）

孔石刀，平背弧刃，刃中部单面钻孔。残长 7.2、宽 3.7、厚 0.3 厘米。（图 3-20，5）

标本 P142-M1：1， 灰色细石英砂岩。下部残。通体磨光。圆角梯形穿孔石刀，两侧未开刃，顶部双面对钻穿孔。残长 6.5、残宽 3.8、厚 0.9 厘米。（图 3-20，6）

4. 砺石

标本 P246-H2：1，上部残。通体磨制。扁体长方形，正、背表面微内凹，棱角圆钝。残长 8.2、宽 3.6、厚 1~1.2 厘米。（图 3-20，4）

5. 坯料

标本 Q13：1，石器制作坯料。扁体方形，棱角分明。表面无磨制痕迹，中部劈开一道非常深且窄的凹槽。残长 4.5、残宽 4.2 厘米，凹槽深 4、宽 0.1 厘米。（图 3-20，7）

（三）骨器

骨梭　一件。

标本 P86-H1：4，由动物肢骨磨制而成。上部残，下部尖细带刃。表面有凹槽及线状磨痕，应是使用痕迹。残长 7.2、残宽 2 厘米，凹槽深 0.2 厘米。（图 3-20，8）

1. 折肩罐（P34-F1∶1）

2. 花边侈口罐（P256-H1∶2）

3. 花边侈口罐（P217-F1∶1）

4. 花边侈口罐（P124-H1∶1）

5. 斝（P86-H1∶2）

6. 抹（Q12∶3）

彩版 1　陶罐、斝和抹

1. Q12∶2

2. P36-F1∶2

彩版 2 槽形板瓦

1. P258–H1：1　　　　　　　　　　　2. P272–H1：4

彩版 3　筒瓦

第四章　陶器研究

一、研究方法

通过桥村遗址的研究现状可知，对桥村遗址文化属性的探讨，本质上是对以桥村遗址为中心的整个泾渭河流域范围内兼具齐家文化及客省庄二期文化面貌的诸多遗址的文化归属问题的探讨。因此本项研究以桥村遗址为中心，在整个泾渭河流域内选择几处重要的龙山时代晚期遗址，从陶器制法和器形的角度进行比较研究，尝试对桥村遗址的文化属性问题做出回答。这里所指的泾渭河流域，主要指渭河中上游及泾河上游，西至甘肃天水，东至陕西武功，北至六盘山北麓。

以往很少有研究在进行不同区域遗址的比较分析中使用调查材料，这是因为：以调查采集方式很少能实现对整个调查区域内遗物的完整采集。即使在调查过程中具体到了明确的遗迹单位，也无法像考古发掘一样对每个单位都进行遗物的全面采集。对于发掘材料，我们可以利用典型单位，对陶色、陶质、器类等从绝对数量百分比的角度进行统计，从而了解遗址的文化面貌。但调查材料却无法如此，因为调查采用的抽样式采集方法决定了从"绝对数量"的角度无法准确反映某个遗迹单位乃至整个遗址的文化面貌。

因此，本项调查在进行比较分析的时候，尝试从"出土概率"的角度来描述桥村遗址调查采集的陶片情况，即包含有某类陶器或某种陶器特征的遗迹单位数量在总体调查范围内遗迹单位总数的占比情况。此次调查不同于以往地表采集式的野外踏查，而是以黄土剖面采集为主，以遗迹单位调查点为记录方式，因此全部陶片都有明确的遗迹单位归属，这是本项调查能够对采集陶器进行"出土概率"计算的前提条件。

在此基础上，本项研究对泾渭河流域范围内其他已发表材料的典型龙山时代晚期遗址依据自然环境进行分区，并从纹饰、器形等方面对桥村遗址与泾渭河流域其他遗址的文化特征进行比较，进而尝试讨论桥村遗址龙山时代遗存的文化属性。

二、泾渭河流域龙山时代晚期遗存的发现与研究

早在 1947 年，裴文中先生就在天水甘谷和武山等地进行考古调查，共发现古文化

遗址 39 处，其中还首次发现了西山坪遗址[1]。新中国成立四十多年以来，田野考古工作者在天水地区做了大量的考古调查与发掘工作，并发现了相当数量的龙山时代晚期遗存：1956 年配合兰新铁路、包兰铁路的工程建设对渭河上游天水[2]、陇西[3]等县的调查，发现齐家文化遗址 89 处；1958 年对天水南部西汉水流域的西河、礼县等地的调查，发现齐家文化遗址 30 处[4]；1978 年对天水西部白龙江流域的岷县等地的调查，发现齐家文化遗址 8 处[5]。在调查的基础上，秦安寺嘴坪遗址[6]、甘谷毛家坪遗址[7]、武山傅家门遗址[8]等经过大规模发掘，内涵丰富，具有重要的学术价值。1981~1990 年，中国社会科学院考古研究所甘青工作队在师赵村、西山坪两遗址进行了历时十年的发掘，首次发现了从大地湾一期文化至齐家文化连续不断的各时期的地层叠压关系，揭示了渭河上游史前文化从早到晚的完整文化发展序列[9]。这两处遗址也是目前渭河上游地区保存较好、发掘规模较大的史前聚落遗址。

向东北至六盘山地区，这里的早期发掘工作主要集中于 20 世纪 60 年代：1960 年，宁夏回族自治区博物馆对固原西吉县兴隆镇进行调查，发现了史前居址和墓地，并清理出 2 座齐家文化墓葬，采集到许多陶片及各类遗物[10]；1964 年，宁夏回族自治区博物馆在固原海家湾村清理了 3 座齐家文化墓葬[11]；1965 年，宁夏回族自治区博物馆在固原店河村清理了 6 座齐家文化墓葬，在出土了典型齐家文化大双耳罐的同时，也发现了泥质红陶大口鼓腹罐、小口平肩深腹罐等具有本地区独有特点的遗物[12]。1984 年，第二次全国文物普查期间在固原隆德县首次发现页河子遗址，并于 1986 年由北京大学考古系和固原博物馆对该遗址进行了发掘；页河子遗址也是该地区目前材料最为丰富的一处史前遗址，主要发现有仰韶文化晚期和龙山时代遗存，后者在时代上基本与秦魏家和皇

[1] 裴文中：《甘肃史前考古报告》，《裴文中史前考古学论文集》，文物出版社，1987 年，第 208~255 页。

[2] 甘肃省文物管理委员会：《渭河上游天水、甘谷两县考古调查简报》，《考古通讯》1958 年第 5 期，第 1~5 页。

[3] 甘肃省文物管理委员会：《甘肃渭河上游渭源、陇西、武山三县考古调查》，《考古通讯》1958 年第 7 期，第 6~16 页。

[4] 甘肃省博物馆：《甘肃西汉水流域考古调查简报》，《考古》1959 年第 3 期，第 138~142、146 页。

[5] 长江流域规划办公室考古队甘肃分队：《白龙江流域考古调查简报》，《文物资料丛刊（2）》，文物出版社，1978 年，第 26~37 页。

[6] 任步云：《甘肃秦安县新石器时代居住遗址》，《考古通讯》1958 年第 5 期，第 6~11 页。

[7] 甘肃省文物工作队、北京大学考古学系：《甘肃甘谷毛家坪遗址发掘报告》，《考古学报》1987 年第 3 期，第 359~396、407~412 页。

[8] 中国社会科学院考古研究所甘肃工作队：《甘肃武山傅家门史前文化遗址发掘简报》，《考古》1995 年第 4 期，第 289~296、304、385 页。

[9] 中国社会科学院考古研究所：《师赵村与西山坪》，中国大百科全书出版社，1999 年。

[10] 钟侃、张心智：《宁夏西吉县兴隆镇的齐家文化遗址》，《考古》1964 年第 5 期，第 232~234 页。

[11] 宁夏回族自治区博物馆：《宁夏固原海家湾齐家文化墓葬》，《考古》1973 年第 5 期，第 290~291 页。

[12] 钟侃：《宁夏固原店河齐家文化墓葬清理简报》，《考古》1987 年第 8 期，第 673~677、769 页。

娘娘台遗址年代同时，但陶器反映的文化面貌却与陇东地区的常山下层、菜园遗存关系密切[1]。

向东南至泾河上游地区，1956~1960 年，中国科学院考古研究所和甘肃省文物工作者开展的文物古迹普查工作，首次在陇东地区发现仰韶文化及齐家文化时期遗存，但报道较为粗略；1975 年，在桥村公社经当地村民提供线索发现众多玉器[2]，并由甘肃省博物馆考古队于 1978 年对桥村遗址进行试掘[3]，虽然未再发现玉器，但却出土了筒瓦及槽形板瓦等象征高等级建筑的遗物。随后整个泾河上游地区鲜有遗址发掘，多是以考古调查为主，1982 年平凉地区博物馆组织进行的考古调查[4]以及 2007 年第三次全国文物普查累计发现了几百处史前遗址[5]，但可供参考的遗物及遗迹材料寥寥无几。

向南至渭河中游地区，这里的考古工作相对丰富。早在 1943 年，石璋如先生就对武功浒西庄遗址一带进行了调查，并采集到龙山时代晚期陶片[6]。20 世纪 50 年代随着关中东部地区包含有龙山时代晚期遗存的客省庄、横阵等遗址的相继发掘，促使田野考古工作者对整个关中地区进行了数次考古调查，其中 1959 年中国科学院考古研究所组织的渭水调查队首次将调查范围扩展至关中西部的凤翔、岐山、长武、武功一带，共发现龙山时代晚期遗址 17 处[7]。为配合中国科学院考古研究所的相关工作，陕西省考古研究所也组织了渭水调查队在凤翔、兴平一带调查[8]，发现了包括岐山双庵、武功赵家来等重要的龙山时代晚期遗址。20 世纪 70 年代陕西省考古工作者开始在以往调查的基础上对重点遗址进行发掘：1977~1978 年，西安半坡博物馆对双庵遗址进行正式发掘，发掘者认定该遗址出土的龙山时代陶器虽属于客省庄二期文化但包含较多齐家文化因素[9]；1979~1980 年，中国社会科学院考古研究所组织陕西武功发掘队发掘了武功浒西庄和赵家来遗址，不仅确认了关中西部龙山时代遗存的存在，还在赵家来遗址中发现了这类遗存与客省庄二期文化遗存的地层叠压关系，引起了学术界的广泛关注[10]；20 世纪 80 年代以后，西北大学历史系考古学专业在扶风、宝鸡一带组织田野实习，发现了包括宝鸡

[1] 北京大学考古实习队、固原博物馆：《隆德页河子新石器时代遗址发掘报告》，《考古学研究（三）》，科学出版社，1997 年，第 158~195 页。
[2] 李晓斌、张旺海：《甘肃齐家文化玉器研究》，《陇右文博》2009 年第 2 期，第 21~32 页。
[3] 甘肃省博物馆考古队：《甘肃灵台桥村齐家文化遗址试掘简报》，《考古与文物》1980 年第 3 期，第 22~24 页。
[4] 平凉地区博物馆：《平凉文物》，1982 年，第 8~10 页。
[5] 国家文物局：《中国文物地图集：甘肃分册》，测绘出版社，2001 年。
[6] 石璋如：《关中考古调查报告》，《历史语言研究所集刊》第 27 本，第 287 页。
[7] 线琦：《宝鸡石嘴头龙山时代晚期遗存分期及相关问题探讨》，西北大学硕士毕业论文，2006 年，第 2 页。
[8] 陕西考古所渭水队：《陕西凤翔、兴平两县考古调查简报》，《考古》1960 年第 3 期。
[9] 西安半坡博物馆：《陕西岐山双庵新石器时代遗址》，《考古学集刊（3）》，中国社会科学出版社，1983 年，第 51~68 页。
[10] 中国社会科学院考古研究所：《武功发掘报告——浒西庄与赵家来遗址》，文物出版社，1988 年。

石嘴头遗址等多处龙山时代晚期遗址，并对其进行了多次发掘[1]。

根据以上概况，目前学界认定在泾渭河流域有四类龙山时代晚期遗存，即以师赵村、西山坪遗址为代表的师赵村第七期，以页河子遗址为代表的齐家文化地方类型，以桥村遗址为代表的桥村类遗存和以双庵遗址、赵家来遗址、石嘴头遗址等为代表的客省庄二期文化地方类型。（参见图1-1）

三、泾渭河流域文化与自然地理区划

根据相关考古调查及发掘材料，并结合自然地理环境特征，该区域内主要考古学文化的典型遗址分别分布在海拔、植被与气候类型均有差异的四个相对独立的地理单元，即渭河上游天水地区、六盘山固原地区、泾河上游平凉地区和渭河中游关中西部地区[2]。（表4-1）

表4-1　泾渭河流域龙山时代晚期遗址自然环境特征

文化	分布区域	主要地貌类型	自然植被	海拔高度/m	气候划分	年平均气温/℃	年降水量/mm
师赵村第七期	渭河上游天水地区	黄土丘陵、山地及地堑式河谷	常绿阔叶混交林、落叶阔叶林过渡、针叶林、灌木草地	1200~2500	暖温带半湿润气候区	7~11	490~600
页河子类型	六盘山固原地区	山地、河流阶地	低山草甸草原、阔叶混交林、针阔混交林、阔叶矮林	2000~2800	中温带半湿润向半干旱过渡气候区	5~6	600~700
桥村类遗存	泾河上游平凉地区	黄土台塬、梁、峁与河川盆地	落叶阔叶疏林及风蚀草原	1200~1800	中温带半湿润气候区	8~9	500~600
客省庄二期文化	渭河中游关中西部地区	地堑式构造盆地及冲沉积平原	落叶阔叶林及草原	400~500	南暖温带半湿润气候区	12.5~13.5	580~750

（一）渭河上游天水地区

该区域地处陇西黄土高原与陇南山地的过渡带，海拔高度1200~2500米，区域分异明显。东部及南部因古老地层褶皱隆起形成陇南山地，沿渭河向东与陕西毗邻；西部则

[1]西北大学历史系考古专业82级实习队：《宝鸡石嘴头东区发掘报告》，《考古学报》1987年第2期，第209~225页。

[2]部分参考钱林清：《黄土高原气候》，气象出版社，1991年。

与境内最高峰天爷梁相连组成西秦岭山地；北部因地质沉陷和黄土沉积，形成陇西黄土高原地貌。渭河支流横贯其中，形成宽谷与峡谷相间的盆地与河谷阶地，区域中部受纬度向构造带的断裂形成渭河河堑，并在河流发育和侵蚀堆积的影响下形成现今的渭河河谷地貌。师赵村遗址和西山坪遗址主要位于天水市以西的河流阶地上。该区域气候属于暖温带半湿润气候区，受季风控制，河谷地区年平均气温在11℃左右，其余各地气温随海拔高度增加而降低，东南山地8℃~10℃，西部山地小于6℃。年降水量为490~600毫米，渭河流域一般为500毫米左右，西秦岭山地在400毫米左右，东部陇南山地可达到800毫米，全年降水分布很不均匀，主要集中在夏、秋季。

（二）六盘山固原地区

六盘山是西北—东南走向的狭长山地，平均海拔在2500米以上，横贯陕、甘、宁三省，是北方重要的分水岭，黄河水系的泾河、清水河、葫芦河均发源于此，也是东、西两大黄土高原地貌的分界山。这里所说的固原地区主要指六盘山北麓，也是六盘山主峰所在。区域内地势险峻，既有水平分布的森林、草原，又有垂直植被景观。山地东坡陡峭，西坡和缓，以页河子遗址为代表的龙山时代晚期遗址多分布在和缓的西坡，东侧为泾河上游发源地。六盘山气候属于中温带半湿润向半干旱过渡气候区，光热资源较少，年平均气温5℃~6℃。年降水量600~700毫米，相比两侧的黄土高原要更加湿润，全年降水分布不均，主要集中于秋季。

（三）泾河上游平凉地区

该区域位于六盘山南段陇山以东，东邻陕西长武，南接渭北高原，北与甘肃庆阳、宁夏固原毗邻，整体处于陇东黄土高原的南缘。区域内是典型的黄土台塬、梁、峁和河谷地貌，平均海拔1200~1800米。泾河上游自六盘山东侧向东南发育流经该区域，在其众多支流的溯源侵蚀下，该地区黄土台塬边缘破碎，沟壑纵横，以桥村遗址为代表的诸多史前遗址主要分布于这些台塬的边缘地带。这一区域气候属于中温带半湿润气候区，年平均气温8℃~9℃。年降水量较少，多在500毫米左右，全年降水分布不均，主要集中于秋季，春、夏季常有干旱发生，自然环境条件相对较差。

（四）渭河中游关中西部地区

该区域南倚秦岭，北接陇东黄土高原及渭北山地，渭河从中穿过，包括渭河平原（关中平原）、谷地及丘陵。这里所说的关中西部地区严格意义上是指宝鸡以东、咸阳以西的渭河中游地区，属于关中平原西部。以石嘴头、双庵、赵家来遗址为代表的龙山时代晚期遗存主要分布于渭河及其支流的沿岸台地上。该区域因断陷形成地堑，在渭河冲积下形成平原，地势平坦，海拔高度400~500米，气候属于暖温带半湿润气候区，年平均气温12.5℃~13.5℃。年降水量580~750毫米，热量丰富，降水稳定，水热条件较好，自然环境条件相对较好。

四、陶器特征比较

上述泾渭河流域自然地理区划上的迥然差异也是不同区域考古学文化差异的环境基础。以下是据此对不同区域内典型龙山时代遗址出土陶器的特征比较。

（一）陶系特征比较

桥村遗址出土陶片，从陶色情况来看，红陶出土概率超过90%，绝大多数遗迹单位都发现有红陶，红陶比例明显高于灰陶，说明遗址内发现红陶的概率要大于灰陶；从陶质情况来看，泥质陶和夹砂陶的出土概率均较高，且两者相差不大；从纹饰情况来看，素面出土概率最高，篮纹较绳纹出土概率更高。（图4-1）

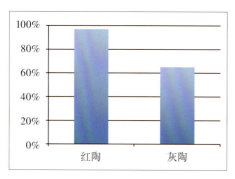

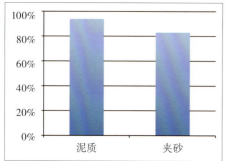

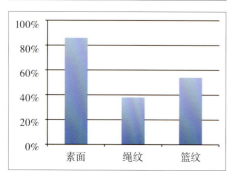

图4-1　桥村遗址陶系出土概率

（上：陶色；中：陶质；下：纹饰）

其他地区从陶色情况来看（图4-2）：渭河上游天水地区、六盘山固原地区红陶占绝大多数，而关中西部赵家来遗址的灰陶比例大大增加，甚至超过一半；关中西部的偏西地区除部分遗存（石嘴头早期、蔡家河H34）外，仍以红陶为主。如此表现出，往西红陶多、灰陶少，往东则红陶少、灰陶多的趋势。因此，从陶色上看，桥村遗址更接近关中西部的偏西地区。

从陶质情况来看（图4-3）：渭河上游天水地区、六盘山固原地区以夹砂陶为大宗，而关中西部地区泥质陶的比例大大增加，尤其是蔡家河遗址泥质陶比例甚至超过半数。如此表现出，往西夹砂陶多、往东泥质陶比例增加的趋势。因此，从陶质看，桥村遗址显然更接近关中西部地区。

从纹饰统计情况来看（图4-4）：渭河上游天水地区以素面及绳纹为主，篮纹极少，六盘山固原地区与之类似，但篮纹比例有明显提高；渭河中游关中西部地区篮纹比例大大增加，与绳纹占比相等甚至超过绳纹，且可以看出石嘴头遗址、双庵遗址和赵家来遗址这三个纬度接近的遗址，篮纹比例超过绳纹；偏北的蔡家河遗址篮纹的比例也较高，但绳纹和素面比例也明显增加。综合来看，绳纹的比例越往

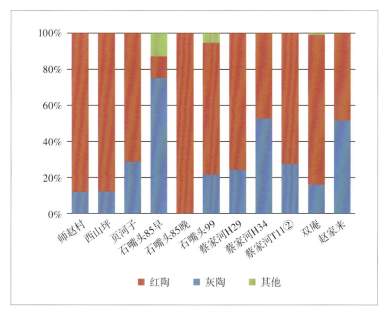

图 4-2 其他地区陶色绝对数量百分比

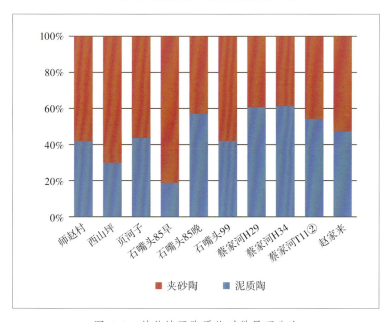

图 4-3 其他地区陶质绝对数量百分比

西越多，而一旦进入关中地区，海拔越低，篮纹比例则有显著增加的趋势。比较桥村遗址，虽然调查出土概率与发掘的绝对数量不具备直接的可比性，但显然在篮纹纹饰的使用上，桥村遗址的高出土概率与渭河中游关中西部地区对篮纹的大量使用之间是存在相关性的。

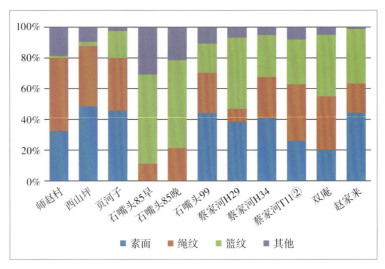

图 4-4　其他地区纹饰绝对数量百分比

（二）陶器类型比较

桥村遗址各类器物出土概率如图 4-5 所示：其中侈口罐的出土概率最高，超过 50%，折肩罐次之，再次是斝，其余器物的出土概率基本都在 10% 以下。

结合其他地区考古材料的相关数据，我们可以绘制出整个泾渭河流域龙山时代晚期各个遗址总体或典型遗迹单位的陶器类型绝对数量百分比表格，其中涵盖了 8 个遗址和 13 组遗存，并对比了 28 种器类。（表 4-2）

针对表 4-2 需要说明的是：

1. 除桥村遗址的百分比表示的是出土概率外，其余遗址皆表示绝对数量百分比，并

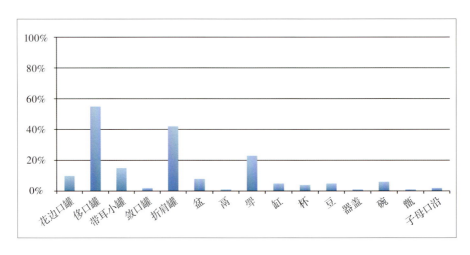

图 4-5　桥村遗址调查所得各类器物出土概率

将每个遗址绝对数量百分比在 10% 以上的陶器类型数据标红作为重点突出；

2. 桥村遗址的带耳侈口罐虽然表现为空白，但实际整理过程中发现了相当数量的残器耳，只是未能进一步确定至具体某种器形；

3. 师赵村 T381 ② 未对罐类器物作具体分类统计，故笼统用一个数据概括；

4. 石嘴头遗址 1985 年发掘对所得龙山时代晚期的遗物根据地层关系进行了早晚期的分期，表中也按照早期遗物和晚期遗物来分别介绍，但两者都代表龙山时代晚期遗物；

5. 石嘴头遗址 1999 年发掘的 H18 和 H36 在器类统计上只笼统分为侈口罐、折肩罐、鬲和其他四类，这里数据较为简略；

6. "报告完整器"是指对该遗址发掘报告中全部可复原完整器的数量统计，"其他（内容）"是指其上一行"其他"所具体包含的器类，一般是各个遗址出土的比较特殊的器形。

在进行具体器形的比较研究之前还有两点需要说明：

1. 出土概率和绝对数量并不具有可比性。由于调查材料的特殊性，对桥村遗址各陶器器形出土概率的统计只是方便我们了解不同器类的普遍性。一般情况下，出土概率与绝对数量具有正相关性，但不能直接等同。

2. 使用桥村遗址调查材料的出土概率与其他遗址发掘出土器类的绝对数量进行比较，更应该关注的是桥村遗址与其他遗址共有的器形而不是桥村遗址自身所缺失的器形。因为考古调查对遗迹采集的不彻底性注定了有些器形或许本来就存在于遗址之中，只是并未能全部采集到，如此桥村遗址的器物组合也就不具有太大的参考意义。

据此，根据表 4-2 的数据信息我们可以发现：

1. 侈口罐在各组遗存中都属于大宗，尤其是平口侈口罐在四个地区的各类器形中均占最大数量比例；而带耳侈口罐除绝对数量较无耳侈口罐少之外，也是广泛分布于各个地区的罐类器物。

2. 花边侈口罐以及带耳小罐除在渭河上游天水地区没有发现外，在包含桥村遗址在内的其他三个地区均有一定数量的发现。敛口罐除在桥村遗址发现有 1 件残器外，仅见于渭河中游关中西部地区的双庵遗址与赵家来遗址，并且数量也极其稀少。

3. 除西山坪遗址出土有少量折肩罐外，折肩罐在渭河上游天水地区没有发现外，在包括桥村遗址在内的其他三个地区均有一定数量的发现，并且在不同地区占比有所不同，如桥村遗址中折肩罐是出土概率仅次于侈口罐的典型器形，与之类似的是六盘山固原地区和渭河中游关中西部地区的石嘴头遗址，折肩罐的绝对数量比例接近 20%，但在关中西部的其余遗址则数量较少。

4. 三足器主要包含鬲和斝两种器形，在四个地区均有不同比例的发现，并且斝和鬲的比例高低上存在差异。桥村遗址所见绝大多数三足器残片均为斝，鬲几乎不见。

5. 除罐类器和三足器外，其余如盆、瓮、缸、盘、豆、碗等器类在各地区遗址中都

表4-2　泾渭河流域各地区龙山时代晚期诸遗存陶器类型绝对数量百分比（%）

器类				桥村遗址（出土概率）	师赵村遗址 T381②	师赵村遗址报告完整器	西山坪遗址 T1③及报告完整器	页河子遗址龙山时代遗存
器类	侈口罐	无耳	花边口	9.92	64.84			6.19
		无耳	平口	53.43		20.75	18.84	30.54
		单耳	小耳			10.38	10.14	13.06
		单耳	大耳					0.67
		双耳	小耳			11.32	5.80	
		双耳	大耳				18.84	7.96
		三耳				7.55	4.35	
		带耳小罐		12.98				
	敛口罐			1.53				
	折肩罐			43.51			2.90	19.25
	盆			7.63	17.94	5.66	1.45	5.75
	瓮				11.00	3.77	1.45	
	鬲			0.76	1.91	2.83	11.58	3.76
	斝			25.19	1.91	13.22	1.45	3.76
	尊				1.20	5.66	2.90	0.44
	瓶				0.96	0.94	1.45	
	缸			5.34	0.24	1.89		1.11
	杯			4.58		3.77	1.45	1.33
	盘					0.94		0.66
	豆			5.34		1.89		1.77
	器盖			0.76		3.77	1.45	2.65
	碗			6.11			4.35	0.44
	甗			0.76			1.45	
	鬶							
	盂					0.94		
	盉							0.66
	子母口沿			2.31				
	其他					4.72	10.15	
	其他（内容）					高领双耳罐	高领双耳罐 鸮面罐	
数量	共计			（130）	100（418）	100（106）	100（69）	100（452）

注：括号内数据表示陶器件数。

石嘴头遗址1985年早期遗物	石嘴头遗址1985年晚期遗物	石嘴头遗址1999年6座灰坑及报告完整器	石嘴头遗址1999年H18、H36	蔡家河遗址H29	蔡家河遗址H34	双庵遗址（8个灰坑）	赵家来遗址T102、T107
18.19		5.35		48.56		31.25	3.90
24.24	7.15	14.29			53.57		10.39
						3.91	1.30
						0.78	
3.03	28.57	8.93	33		17.86		2.60
3.03	28.57	7.14				10.16	
3.03	7.14					2.34	
6.06		7.14		14.29	3.57		3.90
						0.78	2.60
		1.79		16.70	17.14	5.47	6.49
9.09		5.36				2.34	3.90
6.06						5.47	
12.12	7.14	14.28	23.30			2.34	12.99
9.09	7.14	3.57		11.43	14.29	13.28	5.19
				2.86		0.78	2.60
		1.79				0.78	
		5.36					
							5.19
						1.56	6.49
	14.29	3.57				4.69	5.19
3.03		10.70	其他27		7.14	5.47	6.49
3.03		1.79				3.91	7.79
				2.86			
		1.79				0.78	1.30
							1.30
						0.78	
		5.36			3.57	0.78	
		1.79		2.86		2.35	10.39
		圆肩罐		鼎		小口罐筒形罐	折腹罐上下两耳罐
100（33）	100（14）	100（56）	100	100（35）	100（28）	100（128）	100（77）

有出土，但绝对数量百分比基本不超过 10%。

下面我们就桥村遗址内发现的典型器形与其他遗址的共出情况进行类型学分析，主要包括花边侈口罐、单耳小罐、敛口罐、折肩罐、器盖、子母口沿。

1. 花边侈口罐（图 4-6）

可以分为三型：

A 型　口沿加工成锯齿花边状，自花边口沿至器腹部连有一耳。通体饰篮纹。该型仅在桥村遗址有较多发现，因大多为残片，单双耳情况暂不清楚。

桥村 P256-H1：2，夹砂红陶。口腹部残片。侈口较大，口部作锯齿花边状，自口沿至上腹部接有一完整器耳。领部、腹部及耳面皆饰竖篮纹。口径 20 厘米，壁厚 0.9、器耳壁厚 1.2 厘米。

B 型　相比 A 型，无耳。该型在桥村遗址及渭河中游关中西部的诸遗址均有发现。根据纹饰分布可以分为两式：

	桥村遗址	页河子遗址	石嘴头遗址	蔡家河遗址	双庵遗址	赵家来遗址
A 型	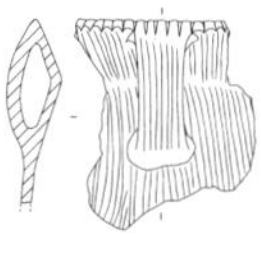 P256-H1：2					
B 型 I 式	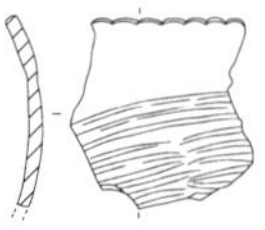 P36-H2：1		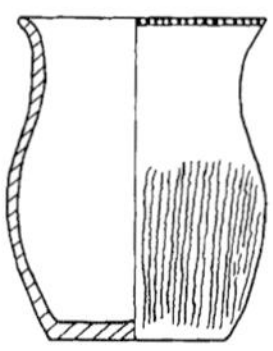 1999H6：4	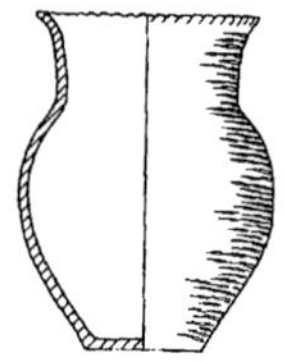 H29：1		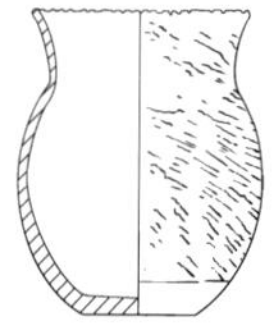 T113 ⑤：7
B 型 II 式	T103 ③：11	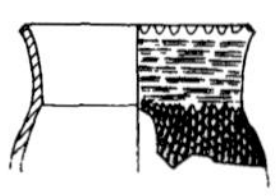		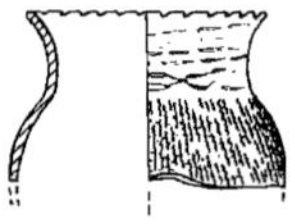 H29：12	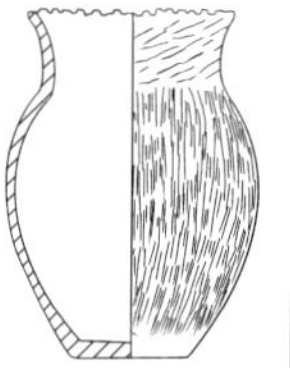 H4：3	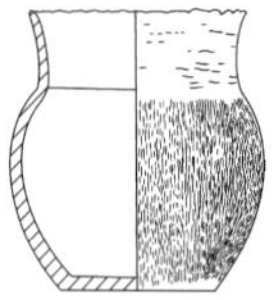 H7：1
C 型	H311：25	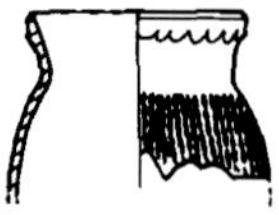		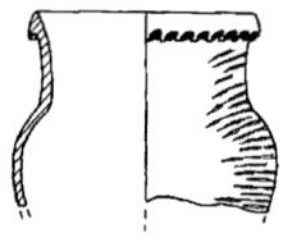 H29：9		

图 4-6　花边侈口罐

Ⅰ式　通体饰篮纹，部分领部纹饰被抹平。

桥村 P36-H2：1，泥质红陶。口腹部残片。口微侈，口部作锯齿花边状。领部素面，腹部饰斜篮纹。壁厚 0.6 厘米。

石嘴头 1999H6：4，夹砂红陶。侈口，花边口沿，直领，鼓腹弧收至平底。腹部饰竖向篮纹，颈部纹饰被抹平。口径 16.2、最大腹径 17.5、底径 10.8 厘米，高 21.5 厘米。

蔡家河 H29：1，灰陶。侈口，圆唇，口沿锯齿状较细密，领部高直，鼓肩，急收下腹，平底。通体饰横篮纹。口径 14.8、肩径 7.6 厘米，高 22 厘米。

赵家来 T113 ⑤：7，泥质红陶。侈口，口部作锯齿状，高领，圆腹，平底。腹部饰斜篮纹。口径 11.5、腹径 18.2、底径 5.5 厘米，高 16.6 厘米。

Ⅱ式　领部饰篮纹，以下饰绳纹。

页河子 T103 ③：11，方唇，唇缘呈锯齿状，斜直领，口内侧颈腹间有折棱。体形瘦长。颈部饰横篮纹，腹部饰拍印绳纹。口径 12 厘米，残高 6.4 厘米。

蔡家河 H29：12，泥质红褐陶。侈口，口沿锯齿状间距较大，薄圆唇，圆肩。领部饰篮纹，腹部饰中偏粗绳纹。口径 14.8、肩径 13.2 厘米。

双庵 H4：3，夹砂红陶。侈口，口沿为锯齿花边状，高领，垂肩，鼓腹，平底。颈部饰篮纹，腹部饰绳纹。口径 17.5 厘米，高 27.7 厘米。

赵家来 H7：1，泥质灰陶。侈口，口部作锯齿状，高领，圆腹，平底。领部饰浅篮纹，腹部饰粗绳纹。口径 12.8、腹径 16、底径 9.5 厘米，高 16.4 厘米。

C 型　在口沿附加一周泥条后再加工成锯齿花边状，无耳。纹饰既有绳纹也有篮纹。该型仅在页河子遗址和蔡家河遗址有发现。

页河子 H311：25，泥质灰褐陶。尖唇，斜直领，弧腹。整体形态瘦长。颈上部饰一周附加堆纹，再饰以刻划纹形成锯齿花边状。口径 13 厘米，残高 14 厘米。

蔡家河 H29：9，泥质红褐陶。尖唇，侈口，领稍矮，圆鼓肩，口沿外泥条下缘再加工成锯齿状，泥条宽厚。通体饰斜篮纹。口径 15.2、肩径 18 厘米，残深 12.8 厘米。

花边侈口罐在渭河上游天水地区没有发现，六盘山固原地区数量占比较少，而渭河中游关中西部地区，尤其在蔡家河遗址 H29、双庵遗址的比例非常高，石嘴头遗址较高。

2. 敛口罐（图 4-7）

根据有无耳情况可以分为两型：

A 型　有耳。

桥村 P136-F1：2，夹砂红陶。上半器身残片。敛口，斜平沿，圆腹，器身宽矮，残有一器耳，器耳与口沿平齐，接于上半器身。近口部素面，器身及耳面饰竖向细绳纹。口径 9.2 厘米，残高 8 厘米，器耳高 7.6 厘米，壁厚 0.5 厘米。

双庵 H4：26，细泥灰陶。敛口，鼓腹，平底，耳高出口沿。通体磨光。口径 8.4 厘米，

	桥村遗址	双庵遗址	赵家来遗址
A 型	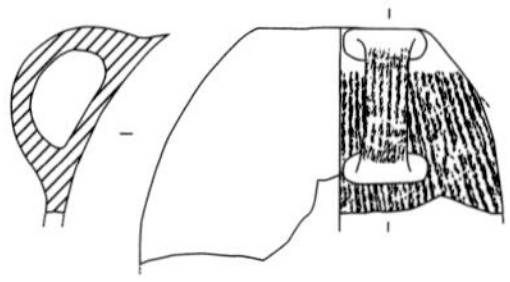 P136-F1：2	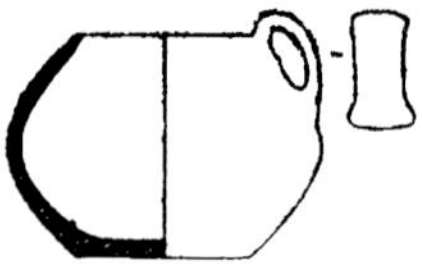 H4：26	
B 型			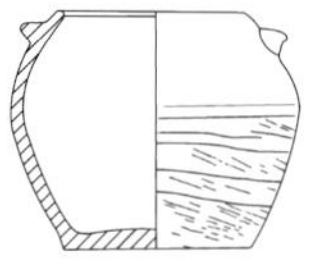 H20：3

图 4-7　敛口罐

高 11.4 厘米。

B 型　无耳。

赵家来 H20：3，泥质灰陶。敛口，斜平沿，腹微折，平底，器身宽矮，口下有对称的两个喙状鋬手。上腹部素面，下腹部饰横篮纹，篮纹之上又划有五道弦纹。口径 13、腹径 19.7、底径 13 厘米，通高 16 厘米。

除桥村遗址外，敛口罐仅见于渭河中游关中西部地区的双庵遗址和赵家来遗址，且数量较少。

3. 折肩罐（图 4-8）

桥村 P34-F1：1，泥质红陶。喇叭口，短颈，斜折肩，深腹，平底。颈部及折肩以上素面，修抹光滑，折肩以下饰斜篮纹和横篮纹，底部饰交错绳纹。口径 18、肩径 31、底径 14 厘米，通高 49 厘米，壁厚 0.8 厘米。

石嘴头 H1：1，泥质红陶。侈口，高领，斜肩，腹斜收至小平底。颈部及肩部素面磨光，腹部饰斜篮纹。肩径 20.2、底径 8.5 厘米，残高 28.2 厘米。

蔡家河 H29：30，泥质红陶。口领部残缺，高领，折肩，小平底。折肩以下饰交错篮纹。底径 10、肩径 25 厘米。

双庵 H31：11，细泥红陶。小口，高领，折肩，深腹，小平底。肩以上磨光，腹部饰篮纹。口径 14.2 厘米，高 40.3 厘米。

赵家来 T101④：3，泥质灰陶。喇叭侈口，短颈，斜折肩，深腹，平底，肩部折角稍钝。腹部饰斜篮纹。口径 13.6、肩径 28、底径 10.5 厘米，通高 39 厘米。

西山坪 T48H18：13，器形较大。口部残缺。肩腹部之间饰一周凹弦纹，腹部饰竖向绳纹。口径 12.6、底径 9.6 厘米，高 34.5 厘米。

页河子 H307：16，圆肩，斜直腹，腹部有桥形双耳。腹部饰篮纹。底径 9.2 厘米，

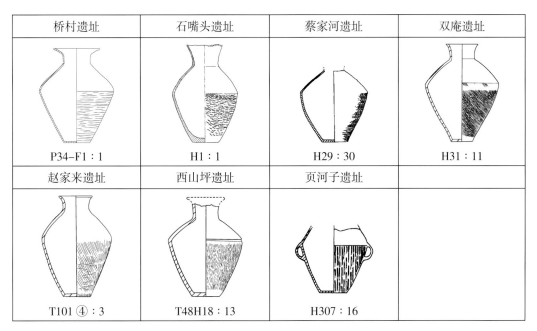

桥村遗址	石嘴头遗址	蔡家河遗址	双庵遗址
P34-F1：1	H1：1	H29：30	H31：11
赵家来遗址	西山坪遗址	页河子遗址	
T101④：3	T48H18：13	H307：16	

图 4-8 折肩罐

残高 20 厘米。

桥村遗址内发现有一件高领折肩罐的完整器和诸多折肩及罐底残片，所有折肩罐都具有高度一致的形态特点，即泥质红陶，喇叭口，小平底，折肩以上抹光素面，折肩以下饰篮纹。虽然折肩罐这类器物在四个地区的各个遗址均有广泛分布，但具有桥村遗址这种形态特征的折肩罐主要见于渭河中游关中西部地区。而相比桥村遗址而言，渭河上游天水地区发现的折肩罐虽然在形态上都是高领，小平底，且在折肩以上都被抹光，但是西山坪遗址出土的折肩罐在折肩以下饰竖向细绳纹；六盘山固原地区折肩罐的形态和纹饰都与桥村类似，但在折肩两侧装有一对对称的桥形器耳。

4. 单耳小罐（图 4-9）

桥村 P71-H1：2，夹砂红陶。口微侈，圆唇，自口沿至上腹部接有一完整器耳。领部素面，腹部饰竖向细绳纹。口径 8 厘米，壁厚 0.5、器耳壁厚 0.5 厘米。

西山坪采：2，口微侈，鼓腹，平底略内凹，单耳。口径 5.2、底径 4.4 厘米，高 8 厘米。

石嘴头 1999H18：2，夹砂红陶。侈口，束颈，斜肩，鼓腹斜收，平底，单耳上端略低于口沿，下端接于鼓腹处。腹部饰斜向绳纹，肩部有一小圆泥饼脱落后的凹坑。口径 8.2、最大腹径 10、底径 5.6 厘米，高 10 厘米。

蔡家河 H34：12，夹砂红陶。侈口，尖圆唇，束颈，圆鼓腹。颈腹部饰刻划纹。口径 10、腹径 10.5 厘米。

赵家来 H25：1，泥质红陶。侈口，圆腹，平底，口下有桥形单耳。素面。口径 7.8、

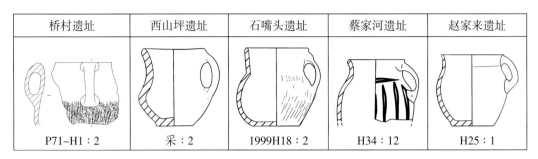

桥村遗址	西山坪遗址	石嘴头遗址	蔡家河遗址	赵家来遗址
P71-H1：2	采：2	1999H18：2	H34：12	H25：1

图 4-9　单耳小罐

腹径 9.4、底径 5.8 厘米，高 9 厘米。

除桥村遗址外，单耳小罐在渭河上游天水地区的西山坪遗址有大量发现，渭河中游关中西部地区虽有发现但数量较少。其整体特点以红陶为主，单耳，体量较小，一般口径不足 10 厘米，通高不足 10 厘米，纹饰有篮纹也有绳纹，且被抹光现象普遍。

5. 器盖（图 4-10）

根据器盖的形态可以分为两型：

A 型　盖顶为斗笠形或亭盖伞状，有宽把颈，颈部有穿孔。均为泥质灰陶。

桥村 P95-H1：2，盖顶及下部残缺，仅剩盖把。盖顶作伞状，边缘一周竖向平沿，下接细颈，颈侧有两个相对称的圆形镂孔，把身中空。器表素面磨光。残高 4.9 厘米，顶沿宽 0.4 厘米，厚 2.1 厘米，把壁厚 0.6~1.1 厘米，镂孔孔径 0.5 厘米。

师赵村 T384②：5，斗笠形，尖顶，颈中部穿孔。盖面饰栉点状戳印纹两道，器表磨光。口径 16 厘米，高 13 厘米。

石嘴头 H4：12，捉手呈尖顶蘑菇状，把柄上有一直径 0.6 厘米的自外向内戳成的小孔。素面磨光。口径 11.4 厘米，高 12.2 厘米。

双庵 H4：46，上为覆斗形，盖下部似壶的颈肩部。磨光。口径 32.8 厘米，高 21 厘米。

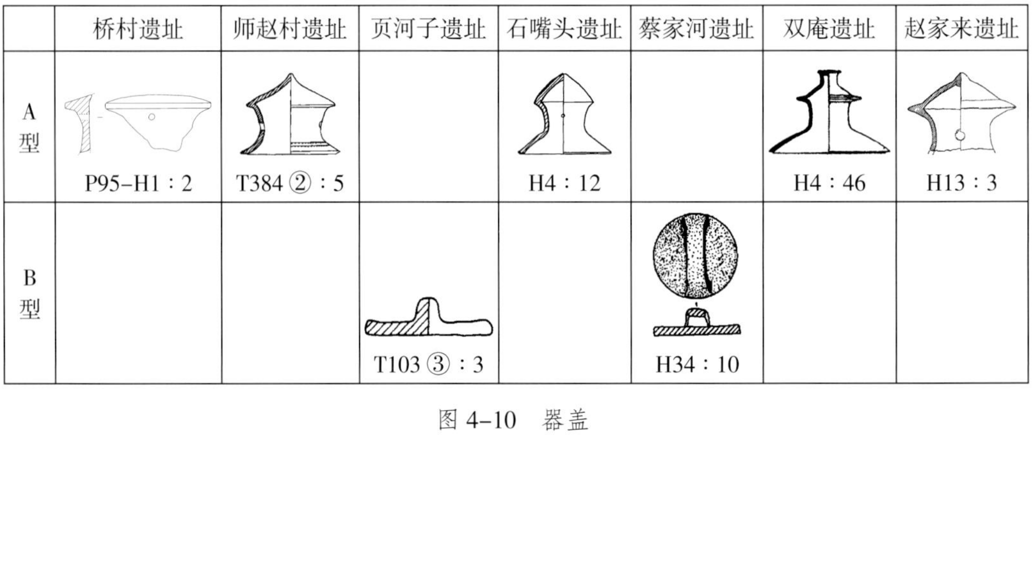

	桥村遗址	师赵村遗址	页河子遗址	石嘴头遗址	蔡家河遗址	双庵遗址	赵家来遗址
A 型	P95-H1：2	T384②：5		H4：12		H4：46	H13：3
B 型			T103③：3		H34：10		

图 4-10　器盖

赵家来 H13：3，下部残，仅剩盖把。把顶部中心有
一圆形凸起的盖纽，把顶作伞形，下接细颈部，把部附
近有四个圆形小穿孔。盖面通体饰细绳纹。最大径 12.8
厘米，残高 5.4 厘米。

B 型　相比 A 型形态简易。一般在圆饼状盖表面施
加条形或耳形盖纽。

页河子 T103 ③：3，泥质灰陶。盖呈泥饼状，附有
一长条形隆起把手。素面。直径 8.2 厘米，高 2.8 厘米。

蔡家河 H34：10，夹砂灰陶。俯视为圆形，上有一
宽带桥形纽。饰散乱刻划纹。直径 5 厘米，高 3 厘米。

器盖在四个地区的各个遗址均有零星出土，桥村遗

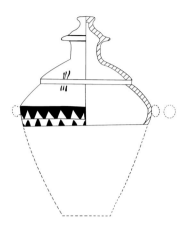

图 4-11　双庵遗址出土
带盖陶瓮（PH4：45）

址所见的 A 型器盖，在双庵遗址发现有该类型器盖与瓮
相组合的完整器（双庵 PH4：45，图 4-11），器盖与一敛口、折肩、斜深腹的大型瓮扣
盖在一起，在瓮口留有切割痕迹并划有符号，发掘者推测应是盖与瓮一起盘筑成型后再
割开。

6. 子母口沿（图 4-12）

桥村 P211-H1：1，泥质灰陶。直口，宽平沿，内唇沿高于外唇沿。器表素面磨光。
口径 28 厘米，残高 5.5 厘米，内唇沿厚 0.8、壁厚 0.7~1.3 厘米。

石嘴头 1999H17：5，泥质灰陶。直口，尖沿，内唇沿高于外唇沿。素面磨光。

蔡家河 H34：20，泥质灰褐色。口微侈，圆唇。器表磨光。

赵家来 H27：10，泥质红陶，上腹部呈灰色，薄胎。子母敛口，圆腹，腹下部较斜直，
底部残缺。腹上部抹光，下部饰竖绳纹。口径 51.5、腹径 36 厘米，残高 24 厘米，壁厚 0.5
厘米。

所谓子母口沿，即口沿处存在重沿形态，且内唇沿高于外唇沿。这类口沿除桥村遗
址外，仅在渭河中游关中西部地区有零星发现，且在这些遗址中很少见有完整器，多为
口沿残片，直口、侈口或敛口均有发现，基本为泥质磨光灰陶。

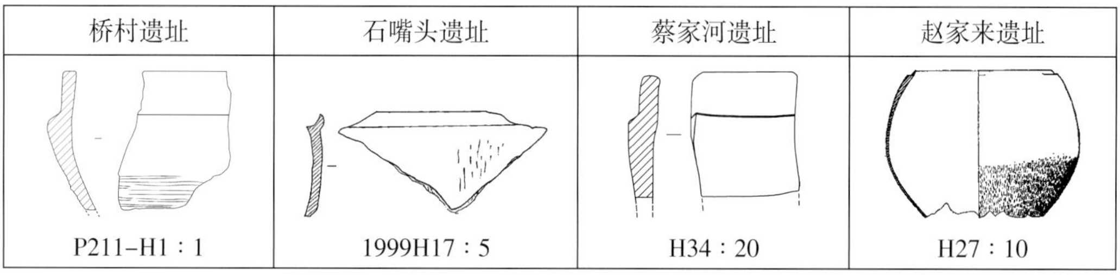

桥村遗址	石嘴头遗址	蔡家河遗址	赵家来遗址
P211-H1：1	1999H17：5	H34：20	H27：10

图 4-12　子母口沿

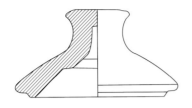

图 4-13　双庵遗址出土子母口
器盖（H26：1）

值得注意的是，在赵家来遗址发现的子母口口沿相对较为完整，该器物在报告中被认定为敛口罐，但是其宽达 51.5 厘米的口径及斜直的下腹部显然与瓮的形态更相近。在双庵遗址中恰好出土有一件子母口器盖（双庵 H26：1，图 4-13），可与赵家来遗址的这种敛口子母沿器形相扣盖，其组合后的完整形态与前述双庵遗址出土的瓮与 A 型器盖的组合类似。

（三）结论

根据以上六类陶器的类型学比对，可以总结出桥村遗址这六类典型器在其他遗址的共出情况（表 4-3），我们可以较明显地看出：

1. 桥村遗址此次调查采集到的 A 型花边侈口罐以及第三章调查成果介绍的筒瓦和槽形板瓦，在整个泾渭河流域龙山时代晚期均是首次发现。遗址内出土概率仅次于平口侈口罐的高领折肩罐，从形态与纹饰角度都与渭河中游关中西部地区诸遗址发现的折肩罐基本一致，而与另外两地区则多少存在一些差异。桥村遗址采集的带耳敛口罐，与渭河中游关中西部地区双庵遗址出土的敛口罐基本一致，而不见于其他地区各遗址。

2. 渭河上游天水地区师赵村和西山坪这两个代表性遗址，无论是纹饰情况，还是遗址内出土器形，都存在高度相似性与重叠性，加之两遗址本身相距甚近，一定程度上可以合并描述该地区器形。尽管该地区出土有和桥村遗址形态一致的 A 型器盖和数量较多的单耳小罐，但综合陶系和纹饰差异，折肩罐形态差异以及缺少花边侈口罐、子母口沿、A 型敛口罐等桥村代表器类等因素，两者的差异性要大于同一性。

3. 六盘山固原地区虽然具备大多数桥村遗址采集的器类，但无论是花边侈口罐、折肩罐还是器盖，都与桥村遗址出土同类器在器形上存在较大差异，同时也缺少子母口沿、单耳小罐、A 型敛口罐等桥村遗址代表器类，可以说是与桥村遗址陶器器类所反映的文

表 4-3　泾渭河流域桥村遗址典型器物出土情况比较

（"√"代表有，空白代表无）

桥村遗址代表器类		B 型 I 式花边侈口罐	高领折肩罐	A 型敛口罐	单耳小罐	A 型器盖	子母口沿
渭河上游天水地区					√	√	
六盘山固原地区							
渭河中游关中西部地区	石嘴头遗址	√	√		√	√	√
	蔡家河遗址	√	√		√		√
	双庵遗址		√	√		√	
	赵家来遗址	√	√		√	√	√

化面貌差距最大的一个地区。在比较过程中我们还发现，页河子遗址所出土的 C 型附加泥条花边侈口罐以及圆饼状器盖在渭河中游关中西部地区的蔡家河遗址中发现有形态相一致的器形，反映出这两个遗址之间或许存在某些联系。

4. 渭河中游关中西部地区由于龙山时代晚期遗址发表的资料相对丰富，对比过程中展示的遗址数量也相对较多，在与桥村遗址比较的过程中发现，其区域内部各遗址之间也存在一定的差异。石嘴头遗址和赵家来遗址内除 A 型敛口罐以外，与桥村遗址代表器物如 B 型 I 式花边侈口罐、高领折肩罐、带耳小罐、A 型器盖、子母口沿等形态一致的器类均有发现；蔡家河遗址情况类似，除器盖与桥村遗址有明显差异外，也发现有大部分桥村遗址的代表器物；双庵遗址虽出土较多花边侈口罐，但在纹饰分布上与桥村遗址有明显差异，虽有体量与桥村遗址接近的小型陶罐，但没有带耳。

综合来看，渭河中游关中西部地区的诸遗址文化面貌与桥村遗址调查结果虽有差异，但最为接近。

第五章　炭化植物遗存初步分析

陇东地区是史前文化的重要汇聚地之一，其主体文化在传承的过程中不断吸收周边地区文化因素，同时输出自身的文化因素，从而形成多种独特的地区类型文化。陇东地区农业传播的过程从侧面体现人群迁徙、文化交流和环境变迁的现象，因此具有一定的研究价值。

陇东地区现有的史前植物考古研究工作较少，尽管现阶段的研究尚可大致勾勒出陇东地区仰韶文化时期旱作农业发展的整体情况，但在细节而且关键的问题上缺乏深入的研究，史前旱作农业发展还有作物结构变化的研究非常薄弱，特别是像桥村遗址这种大型聚落出现的龙山时代晚期阶段。

有鉴于桥村遗址聚落形态和生业经济的研究始终处于缺失的状态，同时借助国家文物局制定"河套地区聚落与社会研究"课题的契机，甘肃省文物考古研究所与北京大学考古文博学院展开了深入合作，于2018年7月11日至25日对桥村遗址进行了为期半个月的考古调查，本次调查将整个调查范围按照桥村所在的台塬地形边界来规划，基本包含了一个完整的二级台地东、西两侧的全部次级台地，调查面积达11.45平方千米。

本报告通过分析此次调查所得的浮选样品，累积植物考古材料，为探讨整个陇东地区的早期农业发展提供重要的依据，同时为进一步探讨陇东地区史前生业经济提供可靠、翔实的资料。

一、研究材料与方法

此次调查是运用区域系统调查方法，并与地理信息系统数据采集系统相结合，基本实现了全覆盖式调查。不同于传统的区域系统调查，本次重点调查采集对象是以剖面上遗迹及其包含的原生堆积为主，因为黄土高原地貌可能经历剧烈的改造过程，地面上的堆积多数为次生堆积，所以地表采集的遗物仅作参考。

由于桥村遗址的遗存年代相对单一，只有齐家文化和汉代时期遗存，遗迹年代容易做出区分（很多汉代单位发现典型的布纹瓦片），所以调查中更着重记录取样点的背景。采样时优先考虑遗迹现象明确的灰坑、房屋以及窖穴等遗迹单位。发现遗迹现象以后，首先使用手铲和短柄锄对剖面进行简单的清理，了解地层堆积情况，确定遗迹性质，随后在剖面上大致匀画出遗迹的范围示意线，放置比例杆然后进行拍照。在考古调查地理信息系统中填写遗迹的基本资料以及遗迹照片后再进行土样采集的工作。

调查土样每袋一般为 10 升，由于承载土样的编织袋容量有限，每个取样单位取两袋土，即每个单位取样量约 20 升。采集的土样均在当地进行浮选，采用小水桶浮选法获取植物遗存。浮选采用 80 目的滤网袋，收取重浮物的筛子孔径为 0.3 毫米。

样品浮选后获得的炭化植物遗存经过阴干后被送到北京大学考古文博学院植物考古实验室内进行鉴定分析。每份样品均使用体视显微镜进行鉴定，然后与各种已知种属的植物标本进行比较，以确定其种属。一般程序为将标本按照不同形状、大小、表面雕纹进行分类，并根据观察结果进行仔细描述。

植物界中种子植物的种属数量非常庞大，每个种属的种子形态特征显著程度不同，而浮选所获取的种子因炭化程度和保存状况不一样，也为鉴定工作带来更大的难度，鉴定精度会因该种属的种子形态特征可辨度而异。鉴定者需要一定的植物分类学知识和积累的经验。基本的鉴定过程是先对植物种子的形态特征进行初步判断，然后参考现代植物种子标本、植物图谱和相关图书对种属存疑的样品进行比对和鉴定[1]。

目前常见农作物，包括粟、黍、稻、小麦等的鉴定明确，精度普遍可达到种或亚种。由于农作物的研究一直是植物考古的研究重点，所以要求更精细的分类。本文对粟、黍、稻的鉴定会根据籽粒的成熟程度做进一步细分，稻的穗轴也会分开进行统计，粟、黍穗轴的体积过小，因此很难做出鉴定。这些数据对研究植物加工与使用有重要的作用。

二、植物遗存统计标准

植物遗存的分析鉴定，会因其形成过程受到人类活动、植物本身的特性、埋藏过程等因素影响而出现不同程度的误差。后期的取样、浮选、鉴定过程也会影响分析结果，例如取样方案不合适、浮选过程操作不当造成的遗漏、鉴定过程的精细度等。采样方法应符合统计学的基本要求，但所获得的植物遗存在数量或多样性上不能完全反映古人对植物利用的真实状况，因此不能直接使用植物遗存的绝对数量进行判断，必须利用科学的量化分析方法对数据进行诠释，以减少与实际情况的误差。

炭化植物种子的常用统计方法都涉及以绝对数量为基础再进行定量分析。但影响绝对数量统计的因素很多，因此应该仔细描述研究中的统计标准，以便与往后的研究数据

---

[1]《中国农田杂草原色图谱》编委会：《中国农田杂草原色图谱》，农业出版社，1990 年。郭琼霞：《杂草种子鉴定图鉴》，中国农业出版社，1998 年。李扬汉：《中国杂草志》，中国农业出版社，1998 年。关广清、张玉茹、孙国友等：《杂草种子图鉴》，科学出版社，2000 年。国家林业局国有林场和林木种苗工作总站：《中国木本植物种子》，中国林业出版社，2003 年。刘长江、靳桂云、孔昭宸：《植物考古——种子和果实研究》，科学出版社，2008 年。赵志军：《植物考古学：理论、方法和实践》，科学出版社，2010 年。

增加可比性。

　　本书主要的研究对象是籽粒较小的粟和黍。两者在完整的情况下可以鉴定到种。对于残片，除了带有种子胚部的残片可以鉴定到种以外，其他部位的残片完全缺乏鉴定特征。因为一个黍亚科种子只有一个可辨认的胚部，所以本报告把粟、黍每个大于二分之一而且胚部特征明显的籽粒当作一个种子个体。对于特征明显的稻种子残块，由于本研究范围中这类作物在所有出土植物遗存或者农作物中所占的比例不高，就算单独计算也不会影响它在作物组合中的地位，因此，本报告也将稻的完整籽粒和大于二分之一的籽粒残片作为一个个体进行计数。水稻穗轴的计量原理跟水稻残块一样，因为数量不多，对于整个作物组合的影响微乎其微，所以在本报告中也单独计数。

三、主要植物遗存种类

　　（一）作物类

　　本书探讨的作物主要指粮食作物，研究范围包括常见的粟、黍、稻，以及少量以大豆属为主的豆类作物。

　　1. 粟（*Setaria italica*）

　　粟，又称谷子、小米、粱，属于禾本科的一年生草本作物。粟喜温，耐旱，对土壤要求不严，适应性强，可春播和夏播，但在不同发育阶段所要求的气温并不完全一致。尽管在7℃~8℃的温度下，种子就可以萌发，但最适宜的萌发温度却为15℃~25℃。因粟具有发达的根系，可从土壤深层吸收水分，粟的叶片表皮较为发达，细胞壁硅质化，其蒸腾系数较小麦和玉米要小，然而对水分的利用率却高，故适合在我国的华北、西北、黄土高原以及东北西部的干旱半干旱丘陵地区生长。尽管这些地区春季干旱少雨，但有利于谷子出苗后扎根蹲苗；夏季的雨量集中，又有利于孕穗期的营养生长和生殖生长；秋季温差大，有利于谷子灌浆，因此即使在降水量不足的情况下，也可获得较稳定的收成。粟的主产区年降水量有600毫米，可适合在海拔1000~1500米的地区种植。粟还具有耐储藏的特性，籽粒内的营养物质不易变质，籽粒的含水率越低，储藏的时间越长。

　　粟颖果大多呈圆形或卵圆形，表面光滑，在扫描电镜下观察呈复网纹饰，网脊钝宽，横切面近圆形。胚区位于颖果背部下方，胚区占种子长度的五分之四，呈窄卵形或基部略宽的长方形，稍凹陷。果疤位于腹部近基端，椭圆形，稍凹陷。本书粟籽粒尺寸波动范围较大，因此在鉴定中对粟的种子进一步分为成熟粟、不成熟粟和极不成熟粟三类。目前有研究对现代粟样品进行观察和测量，发现脱壳粟可以分为四种类型：a类粟籽粒形态较圆，个体较大；b类粟籽粒整体扁平；c类与d类粟粒尺寸较小，个体扁平，表面有明显的皱褶；d类粟粒体型更小，腹部较平，整体小于1毫米，胚部有残缺，难以进行具体的尺寸测量[1]。本书对遗址出土炭化粟粒的分类，将 a 类粟粒鉴定为成熟粟，b 类粟粒鉴定为不成熟粟，c 类粟粒鉴定为极不成熟粟，d 类粟鉴定为黍亚科。

2. 黍（*Panicum miliaceum*）

黍又称黍子（糯性）、稷或糜子（粳性），为禾本科黍属（*Panicum* sp.）的一年生栽培种，具有早熟、耐旱和耐瘠的特性，在我国西北、华北地区栽培甚广。黍为喜温的作物，生长的最适温为 20℃~30℃，其发芽最低气温只有 8℃~10℃，是禾谷类作物中最抗旱耐瘠的类型之一，在干旱半干旱地区降水量变率大、春旱频繁发生的情况下，较其他作物易于生长。此外，黍对土壤的适应性强，可在瘠薄土壤上生长，故常把它用作开荒、改造盐碱地和治理沙漠的作物，还用其生育期短的作物品种作为自然条件恶劣地区的补救作物。黍对肥料反应敏感，即使在瘠薄土壤上生长的黍，一旦予以施肥，就可取得明显的增产效果。黍的应用范围广泛，黍籽粒可食用或酿酒，其茎秆可作饲料[2]。

成熟黍颖果整体呈椭圆鼓形，胚区呈宽卵形，胚占颖果总长度的二分之一，胚区炭化后呈"V"形，这类黍在史前遗址中最为常见，因而也可称之为普通成熟黍。不成熟黍具备黍的基本形态，但形态整体偏小，腹部较扁平，边缘相对较薄，表面略显折皱，胚区和种脐占颖果总长度的比例高于成熟的黍，炭化后种脐易上翘，胚部易残缺。

大部分黍保存较完好，表面较光滑，炭化胀裂不很严重。由于炭化黍粒的发现不如粟粒丰富，本书对遗址出土炭化黍粒的分类根据谷物的成熟程度，分为成熟和未成熟两大类。

3. 稻（*Oryza sativa*）及穗轴

中文学名翻译为亚洲栽培稻，但其性质是指驯化种，本文讨论的稻也是驯化稻[3]。稻为一年生水生草本植物，全球分布，是世界上栽培的最重要的农作物之一。现在我国南方为主要的产稻区，北方地区也有种植。稻的栽培品种极多，目前对于驯化稻的分类，不同学术领域有不同的划分方法，包括遗传学、分子生物学、生态学等角度。遗传学的分类较为通用，细分为 *japonica*、*indica* 和 *aus* 等亚种[4]。在不同的气候环境和文化背景下出现不同种类的栽培稻。不同种类的稻所属的生态位和需要的劳动力也不同。灌溉水稻种植在有田埂的平整田里，一年内能确保灌溉一季或以上，产量较高；旱稻可直接在无洪涝、排水良好的地面或稍微有坡度的土地种植，受水分和养分影响的程度较低，

[1]宋吉香、赵志军、傅稻镰：《不成熟粟、黍的植物考古学意义——粟的作物加工实验》，《南方文物》2014年第2期，第60~67、71页。
[2]中国科学院《中国植物志》编委会：《中国植物志》，科学出版社，1974年，第1959~2004页。
[3]秦岭：《中国农业起源的植物考古研究与展望》，《考古学研究（九）》，文物出版社，2012年，第260~315页。
[4]Garris A.J., Tai T.H., et al. Genetic structure and diversity in *Oryza sativa* L. *Genetics*, 2005(169): 1631-1638.

但产量相对较低[1]。

成熟稻颖果呈椭圆形至矩圆形，横切面为椭圆形，六棱。两侧压扁，表面有两条纵棱。胚乳丰富。胚为侧生型，约为颖果长的四分之一，为颖果宽的二分之一。不成熟稻颖果呈窄矩圆形，两侧压扁，横切面呈椭圆形。顶端尖，向胚区相对侧面倾斜，基端斜截，侧面具两条纵棱，棱间沟不明显，较宽且浅。胚区位于一侧边缘基部，约为颖果长的六分之一，宽小于颖果宽的二分之一。水稻小穗轴是在水稻脱壳过程中产生的，是水稻加工的副产品。

研究区域内的稻遗存数量较少，大多数为炭化的不带稃壳籽粒和小穗基盘。炭化水稻籽粒可以观察到胚区和表面纹理。而小穗基盘底部内凹且比较粗糙。根据以往判别标准[2]，本次调查所发现的小穗轴应均属于驯化型。本书根据炭化稻的成熟程度分为成熟稻和不成熟稻。

4. 小麦（ *Triticum aestivum* ）

本书所说的小麦为普通小麦，为一年生或越年生草本植物。小麦的适应性强，分布广，主要分布在海拔 3000 米以下的地方。根据小麦苗期对低温的反应可以确定其冬春性，可分为冻性、春性等类型[3]。冬小麦适宜生长在土层深厚、排水良好、富含腐殖质的壤土和黏壤土中。小麦作为越冬性的作物，从种子萌发到颖果成熟的整个生活周期中需要经过若干发育阶段，而每个阶段又要求一定的温度、光照、水分、空气和营养物质[4]。

小麦籽粒的形态特征十分明显，整体呈椭圆形和卵形，横切面近圆形，胚部为近圆形，约占整个颖果的三分之一。腹部略微凸起，有一条腹沟，腹沟开口呈"Υ"形，腹沟深约为果厚的二分之一，腹沟壁接合部分约为沟深的三分之二，腹沟两侧圆钝，两壁未完全贴合[5]。研究区域内发现的小麦遗存很少，大部分是炭化的不带稃壳籽粒。

（二）杂草类

研究区常见的杂草种类主要包括禾本科、苋科和豆科杂草。

1. 禾本科

在考古遗址浮选样品中发现的炭化禾本科杂草种子多数保留能观察的胚区、种脐等

［1］刘旭、郑殿升：《中国作物及其野生近缘植物：粮食作物卷》，中国农业出版社，2006 年。

［2］Li C., Zhou A., Sang T.. Rice domestication by reducing shattering. *Science*, 2006(311): 1936-1939. Onishi K., Takagi K., Kontani M. et al. Different patterns of genealogical relationships found in the two major QTLs causing reduction of seed shattering during rice domestication. *Genome*, 2007(50): 757-766. Zheng Y., Sun G., Chen X., Characteristics of the short rachillae of rice from archaeological sites dating to 7000 years ago. *Chinese Science Bulletin*, 2007(52):1654-1660.

［3］Zheng Y., Sun G., Chen X., Characteristics of the short rachillae of rice from archaeological sites dating to 7000 years ago. *Chinese Science Bulletin*, 2007(52):1654-1660.

［4］中国科学院《中国植物志》编委会：《中国植物志》，科学出版社，1999 年，第 1959~2004 页。

［5］中国科学院《中国植物志》编委会：《中国植物志》，科学出版社，1999 年，第 1959~2004 页。

器官，部分籽粒带有可观察的稃壳。禾本科植物种属众多，彼此之间特征相似，除了主要农作物类型以外，其他种属鉴定难度较大。陇东地区最常见的禾本科杂草主要为黍亚科（Panicoideae）植物种子，其中有几类可以进一步鉴定到属，包括狗尾草属（Setaria sp.）和马唐属（Digitaria sp.）。

狗尾草属颖果呈椭圆形，与粟最为不同的是狗尾草种子较薄，其厚度仅为长度的三分之一左右，而且整个籽粒厚度较一致，腹面平。马唐属种子形态略显细长，长度一般在1毫米以下，胚部较短小，胚长约占颖果总长的三分之一[1]。其余一部分黍亚科种子在形态特征上相对比较一致，目前尚无法进行判断。

在调查样品中发现一种呈"A"形的黍亚科种子，由于其形态特征与一般黍亚科种子不同，因此在数量统计时把这类种子单独划分出来。

马唐属植物中包括许多著名的旱作农田杂草，例如马唐，这也是现代对秋熟旱作农田危害最严重的杂草之一[2]。狗尾草属植物也有许多种是常见的田间杂草。所以从整体上来看，遗址中浮选出来的黍亚科种子所代表的应该是当时的农田杂草遗存。

2. 其他杂草

另外，研究区域的样品中经常发现炭化苋科（Amaranthaceae）种子，根据种子形态可鉴定到属。藜属（Chenopodium sp.）种子呈双凸镜状，边缘较钝，胚部呈环形，有胚乳。猪毛菜属（Salsola sp.）种子为螺旋形，一端扩展呈盘状，另一端中央有一较短的柱头残余，为种子的胚部。

豆科（Fabaceae）种子在陇东地区出土炭化种子中也占一定的比例，虽然研究区域内仅发现一粒大豆遗存，但不排除豆科植物在当时人类食物组合中也占一席之地。样品中的豆科种子特征不明显，大部分仅能鉴定到属。遗址中也发现有饱满的完整野生豆科种子。这些种子的种脐皆脱落，但种脐所在的位置还留有凹坑，籽粒呈肾形，仅这些特征无法进行更深入的鉴定。

其他杂草类种子只有少部分可以鉴定到属一级，有些只能到科一级，而且出土数量很少，对后文的分析作用不大，在此不做详细描述。

四、数据处理

由于考古调查的取样本身属于一个抽样过程，获得的材料具有一定的随机性和偶然性，所以会出现个别异常值严重偏离整体的情况，不利于对整体情况进行判断，因此有必要在进行统计分析之前对数据进行处理。

---

[1] 刘长江、孔昭宸：《粟、黍籽粒的形态比较及其在考古鉴定中的意义》，《考古》2004年第8期，第74~81页。
[2] 强胜：《杂草学》，中国农业出版社，2003年。

调查土样每袋一般为 10 升，由于承载土样的编织袋容量有限，每个取样单位取两袋土，即每个单位取样量约 20 升。浮选样品来自 82 个剖面调查点，土样量共 1066.5 升。82 份样品中共获得炭化植物遗存 18176 粒，平均每升土含炭化种子 17.04 粒。（表 5-1；附表 2）

表 5-1　桥村遗址调查出土植物遗存概况

植物遗存种类			绝对数量	出土概率
作物类		Cereals		
粟		*Setaria italica*	12614	90%
黍		*Panicum milliaceum*	2535	76%
稻		*Oryza sativa*	52	1%
大豆		*Glycine max*	1	1%
小计			15202	
果实类		Fruits		
蔷薇科	悬钩子属	*Rubus* sp.	9	38%
小计			9	
禾本科杂草		Grasses		
黍亚科	狗尾草属	*Setaria* sp.	691	52%
	马唐属	*Digitaria* sp.	137	10%
	"A"形黍亚科	Panicoideae (A type)	36	10%
	黍亚科	Panicoideae	255	49%
早熟禾亚科		Pooideae	102	13%
小计			1221	
其他杂草		Other weeds		
豆科		Fabaceae	1330	71%
苋科	藜属	*Chenopodium* sp.	289	35%
	猪毛菜属	*Salsola* sp.	4	5%
	苋属	*Amaranthus* sp.	2	
蓼科		Polygonaceae	61	4%
马齿苋科		Portulacaceae	2	1%
小计			1688	
未鉴定壳残片		unidentified husk frags	4	
未鉴定		unidentified seeds	52	
合计		Total counts	18176	

作物类种子有粟、黍、稻和大豆四种。粟的绝对数量最多，占所有作物类种子的83%；黍为出土数量第二高的作物，占所有作物类种子的16.7%；稻子仅占所有作物类种子的0.3%，且只出于一个单位；而所有样品中仅发现一粒大豆。杂草类种子以小型豆科为主，无论是数量还是普遍性都很高。另外包括狗尾草属在内的黍亚科和藜属种子也占一定比例。

总体来看，桥村遗址出土植物遗存中作物类遗存比例很高，反映出对植物资源的利用为整体以粟为主、黍为次的旱作农业，大豆和稻子的比例极低，其利用方式与性质尚需要深入研究。遗址中比例较大的杂草类种子皆为旱田中的伴生杂草。但由于目前样品中炭化植物遗存的丰富程度以及种属多样性存在相当程度的不平衡性，因此需要进一步对数据进行处理以做充分分析。

这批材料中单份样品之间包含的炭化植物种子数量存在较大差异，最多为3362粒，最少则为0粒，不利于数据组整体的定量分析。为避免个别样品中某些植物遗存比例过高或过低从而影响总体平均值，因此在计算样品中各类植物遗存的密度之前，本书先根据样品的植物遗存数量进行分组处理再作讨论。

把数据进行标准化处理后再利用直方图显示样品分布规律，可以根据样品中出土植物遗存数量分为四组：第一组为0~250粒的样品，第二组为400~600粒的样品，第三组为1000~2000粒的样品，第四组为高于2500粒的样品。（图5-1）

根据鉴定结果和统计数据，首先对第一组72个单位出土的植物遗存数量与其包含的种属分类进行了统计分析。

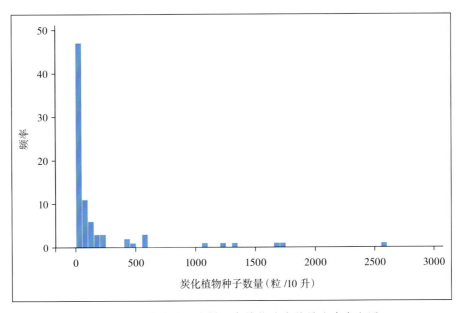

图5-1　桥村遗址调查样品中植物遗存数量分布直方图

由于第一组样品内部情况也不一样，样品之间无论是所含的炭化植物遗存数量还是种属数量离散程度均较高，所以有必要对数据进行进一步处理。撇除没有出土任何炭化植物种子的 5 个样品后，第一组数据出土的植物遗存单份样品中最多包含 10 种不同种属的植物遗存（P240-H1），最少则仅含 1 种。单份样品所含植物遗存种属类别的平均值为 4。（图 5-2）

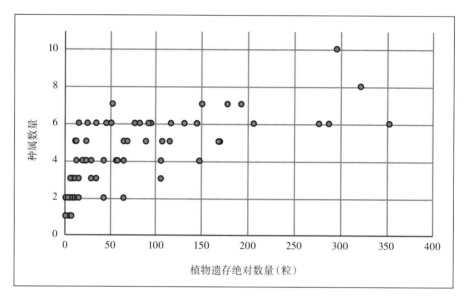

图 5-2　第一组样品大小与种属多样性

从图 5-2 可以看到，各样品所含的植物种属类别及植物遗存数量差距较大。简单来说，大部分样品所含的种属类别在 4 种到 6 种之间，植物遗存数量在 1 粒至 200 粒之间。

一般来说，样品大小与种属多样性之间应该有一定的关联，即样品中植物遗存数量越多，其种属类别数也应该越多。然而根据图 5-2 结果，显示也有个别植物遗存数量较少的样品中有相对较多的植物种属类别。所含植物遗存的种属类别少于 4 种且数量少于 200 粒的样品皆视为不具有足够的代表性，这 29 个不具代表性的样品将在下面的讨论中被排除掉。通过排除第一组不具代表性的 29 个样品后，剩下 43 份有效样品 591 升，炭化植物遗存平均出土密度为 9.8 粒／升。

第二组样品中每个样品包含的炭化植物遗存数量在 400~600 粒的区间内，共 5 个样品（P65-H1、P95-H1、P36-H2、P202-H1、P114-H1），出土的植物遗存数量共 2993 粒，出土密度为 58.7 粒／升。

第三组样品中每个样品包含的炭化植物遗存数量在 1000~2000 粒的区间内，共 4 个样品（P321-H1、P226-H1、P173-H1、P160-F1），出土的植物遗存数量共 6736 粒，出土密度为 132.1 粒／升。

表 5-2　各组样品所包含的植物遗存绝对数量

		第一组	第二组	第三组	第四组
作物类					
粟	粟	1920	1431	3680	1782
	粟（带壳）	0	0	0	0
	残粟	813	622	1259	286
	不成熟粟	128	88	122	119
	不成熟粟残片	1	0	0	0
	极不成熟粟	18	7	13	64
黍	黍	295	169	620	382
	黍残片	265	112	321	126
	不成熟黍	79	25	18	22
稻	稻米	0	0	0	6
	不成熟稻	0	0	0	17
	稻残片	0	0	0	16
	稻穗轴	0	0	0	13
大豆	大豆	1	0	0	
果实类					
蔷薇科	悬钩子属	8	1	0	0
禾本科杂草					
黍亚科	狗尾草属	195	74	108	312
	马唐属	39	16	0	82
	黍亚科	93	56	33	68
	"A"形黍亚科	11	9	0	16
早熟禾亚科		18	83	0	1
其他杂草					
豆科	豆科	433	276	556	50
	豆科残块	1	0	0	0
苋科	藜属	246	9	1	0
	猪毛菜属	3	0	0	0
	苋属	2	0	0	0
	蓼科	54	7	0	0
马齿苋科		2	0	0	0
未鉴定壳残片		2	1	0	1
未鉴定		37	8	5	0
合计		4662	2993	6736	3362

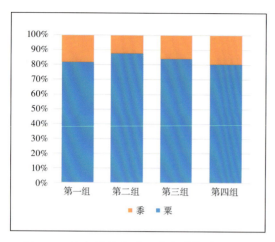

图 5-3　各组样品中粟、黍绝对数量百分比

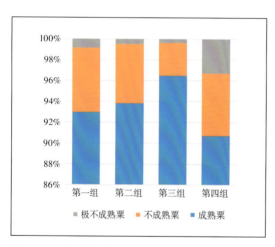

图 5-4　各组样品中粟的成熟程度绝对数量百分比

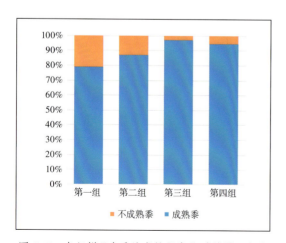

图 5-5　各组样品中黍的成熟程度绝对数量百分比

第四组与前三组样品出土植物遗存数量离散程度最高，是一个包含 3362 粒植物遗存的样品（P258-H1），炭化种子的出土密度高达 258.6 粒 / 升。

五、浮选结果

从表 5-2 可以看到各组样品所包含的植物遗存绝对数量、每组样品的共同特征与差异。首先，作物类方面，在所有样品组中，粟和黍是最主要的作物，但粟比黍更常见而且出土数量更多。四组样品中粟和黍绝对数量的比例都很接近，黍占两者总数的 12%~20%。（图 5-3）从作物成熟程度上我们可以看到一个趋势，就是出土植物遗存数量越多的组，其成熟作物（包括粟和黍）所占的比例也随之上升。（图 5-4、5-5）不过第四组的作物成熟比例数据并不符合前几组样品的变化趋势，这可能由于第四组的样品数量只有一个，而且出土背景可能较为特殊所致。

而在杂草类遗存方面，豆科都是第一、第二和第三组样品中出土绝对数量最多的种类，皆为小型豆科。其次为狗尾草属和黍亚科种子，另外藜属和包括狗尾草属在内的黍亚科和藜属种子也占一定比例。第二组中早熟禾亚科的出土数量虽多，但只集中出土于一个样品中，因此不能当作该组的特征。

至于差异方面，第一组样品中发现目前为止桥村遗址样品中唯一的一颗大豆。值得注意的是，只有一个样品（P258-H1）的第四组样品中发现的植物遗存无论是数量上还是作物组合上都非常特殊，因此需要另作讨论。第四组样品中发现数量可观的炭化稻遗存和穗轴，但后者保存状况较差。炭化稻样品随后被送至 Beta 实验室进行测年分析，测年结果经校正后为年代在 2290BC~2040BC 之间（95.4% 置信区间），属于齐家文化时期。该单位也是目前为止桥村遗址唯一一个发现齐家文化时期稻遗存的单位，意义重大。但同时因为其独特性，暂时未能确定稻在当时的生业经济中的地位，以及其是否只出现在某种遗迹类型中。不过我们至少知道，在龙山时代晚期稻属资源仍然在陇东地区被人们利用。

整体来说，桥村遗址出土植物遗存中作物类遗存比例很高，反映出对植物资源的利用为整体以粟为主、黍为次的旱作农业，大豆和稻子的比例极低，其利用方式与性质尚需深入研究。遗址中比例较大的杂草类种子皆为旱田中的伴生杂草。

六、样品组差异分析

为了解各组样品采样点的地理分布以及其与出土的炭化植物遗存之间的关系，本书使用散点图来表示所有采样点的这两个属性。从图 5-6 可以看到，植物遗存数量跟采样点高程之间有一定的关系。所有采样点所在地的高程绝大部分分布在 1280~1340 米的区间内，在此区间内的采集点最多。第一组所含的植物遗存数量是所有组之间最少的，而且采样点的高程似乎是随机的，分布于高程为最低 1205 米至最高 1335 米的位置，两者的关系没有任何明确的规律。第二组样品所含的植物遗存数量在 400~600 粒的范围内，其空间分布集中在高程为 1280~1330 米的范围内。而第三组样品所含的植物遗存数量在

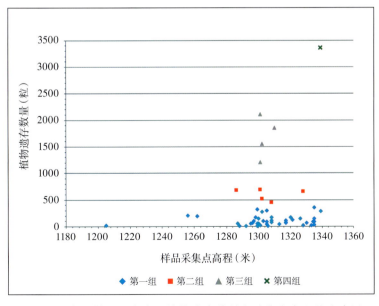

图 5-6　各组样品所含炭化植物遗存数量和采集点高程的分布图

1000~2000 粒的范围内，其空间分布集中在高程为 1310~1330 米的范围内。至于第四组唯一一个包含超过 2500 粒植物遗存的样品，其采样地点的高程是所有采集点之中最高的，高程为 1339 米。

另外，从采集点的空间分布情况我们也可以直观地看出，桥村遗址的遗迹绝大多数都分布在该台地东侧边缘，尤其在东侧中部向下延伸的沟壑及长梁剖面上非常密集，而在台地中部较平坦区域以及台地的西侧则只有零星分布的少量遗迹。但在平面分布上，各组样品的出土位置交叉随机分布，没有特定的规律。（图 5-7）

但值得注意的是，第四组样品的地貌形态也与其他采样点有所不同。第一至第三组样品的采集位置皆为台地型地貌，而第四组样品则处于台塬型地貌，地貌形态的差异可能也是造成样品组之间出土植物遗存数量出现差异的原因之一，但需要日后更多来自台塬型地貌的数据加以辅证。

除了采集点所在的地貌形态以外，要对四组样品所含的植物遗存出现明显差距的原因做出解释，目前只能提出几个可能性。这一现象可能反映遗址不同功能区的分布。该次调查主要发现有房址、灰坑、墓葬、窑址四类遗迹，根据遗迹的分布状况可以发现桥村遗址存在一个遗迹密集分布区域，不能排除遗迹类型之间或者遗址核心区与非核心区存在对植物利用的差别。但需要重申，在遗迹的辨认过程中，剖面暴露出来的遗迹结构往往都是不完整的，故可能存在因为主观因素导致遗迹判断错误的问题。我们能确保取样遗迹是原生堆积，但不能保证现场判断的遗迹类型是否正确。所以，在目前缺少发掘确认的前提下，我们无法对比遗迹类型之间出土植物遗存的差异，只能对样品进行整体的分析。

不过，就目前的材料，我们可以知道高程为 1280~1330 米的位置遗迹数量最多，而且当中所含的植物遗存也较为丰富。至于植物遗存较少的单位则随机分布在不同海拔高度的位置上。由于只有一个样品来自高程为 1339 米（或以上）采集点，暂时无法确定该高度的遗迹所包含的植物遗存普遍较为丰富，还是刚好因该采样点性质特殊导致所包含植物遗存数量极为丰富，这需要日后进行考古发掘或者有目的性的调查获取更多材料后才能再作讨论。

七、结论

总括而言，桥村遗址的浮选数据显示了典型的以粟为主的旱作农业作物结构，其他主要作物类型包括黍、稻和极少量的大豆。由于稻子和大豆各自只出于一份样品中，因此无法判断这两类作物在当时人类农业发展中的地位。但值得关注的是，桥村遗址出土的小型豆科杂草数量较多，其数量甚至超越普通旱作农业常见的田间杂草（如狗尾草黍、马唐属），这可能反映豆科杂草在当时被人们蓄意利用，可能是食物种类之一。

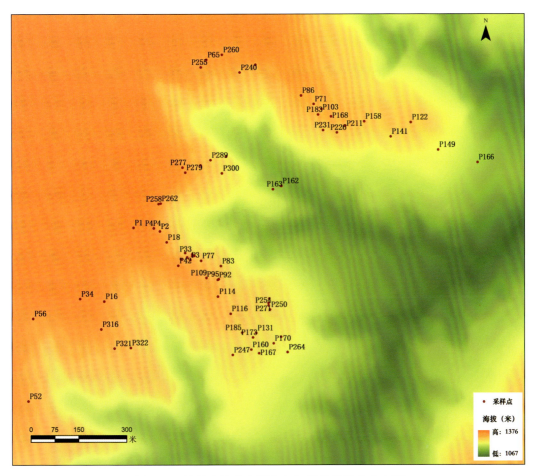

图 5-7　桥村遗址考古调查各组样品采样点分布图

　　另外，基于采样点反映了遗迹的分布状况，我们可以了解到浮选样品中炭化植物遗存的丰富程度与其取样地点的海拔高度和地貌环境有一定的相关性，尤其是对于包含400粒以上种子数量的样品，其采集点皆位于高程1280米以上的位置，而平面的分布则是随机的，植物遗存较丰富的样品的出土位置并没有明显的规律。但第四组样品是唯一一个采样点处于台塬型地貌的样品，因此不排除台地型遗址和台塬型采样点出土植物遗存丰富程度存在差异。

　　在充分的考古工作下收集各种考古遗存的基础上，再结合多学科的研究结果，才能进一步探讨陇东地区各时期的生业经济，因此亟须逐步累积各种考古材料，桥村遗址的植物考古工作正好适应了这一学术需求。本报告揭示了桥村遗址龙山时代的文化内涵，让大家在对这一时期的文化特征有基本认识的情况下来深入研究龙山时代人类对植物资源的利用、作物组合的特点和史前农业的发展，可为我们解读陇东地区与周边地区之间的关系提供新的研究角度。

第六章　聚落形态

一、地貌与遗址

甘肃黄土高原区属于我国黄土高原的西部，北接宁夏回族自治区，南依迭山，东以秦岭分水岭为界，东邻陕西省，西至乌鞘岭和青海省，是经过两百余万年的黄土堆积和搬运，在风力、水力、重力和人力交互作用下，从承袭下伏岩层的古地貌基础上，按多种发育方式形成。区内除分布有少量的土石山区外，余均为黄土覆盖，黄土厚度一般为 10~300 米，海拔高度 1000~3000 米，地势由西北向东南倾斜。根据《黄土高原地区综合治理规划大纲（2010—2030 年）》的分区标准，甘肃黄土高原区属于黄土高原沟壑区[1]。其具体范围位于甘肃省东部，北部与环县、华池、庆城、固原一线相邻，西南邻近达溪河，东靠子午岭，西近六盘山，东南与陕西省长武县相连。其特点是塬面广阔平坦，沟壑深切，地面支离破碎、崎岖起伏。这是整个黄土高原上面积最大的综合治理分区，也是重要的农业产粮区，但现代侵蚀异常强烈。

桥村遗址位于黄土高原沟壑区中一处较为宽阔的黄土台塬地貌上，台塬东、西两侧在黑河支流的侵蚀影响下形成南北向的狭长塬面和塬边。从高精分辨率遥感影像可以看出，现代的桥村自然村的分布主要呈现两种组合模式：一种是依托台塬中部高海拔且平坦开阔的塬面开辟出大面积农田区，并在农田区两侧留出一定空间的平坦地带就近建立居住区（图 6-1 左）；另一种则依托台塬边缘的沟壑地貌，主要是台地两侧延伸出的众多长梁与沟壑的组合地貌，在这些原本呈陡坡状的破碎地面上，村民进行了大规模的开坎斩崖活动，将坡状地貌改造成阶梯状地貌，并利用人造的竖直剖面掏挖窑洞修建房屋，利用水平剖面开辟出等高差分布的梯田景观（图 6-1 右[2]）。

此次调查是对桥村所在整个台塬地貌的全覆盖式调查，受以上两种现代聚落组合模式的影响，我们在台塬中部主要以地面采集为主，在台塬边缘直至沟壑底部以剖面采集为主（图 6-2，密度根据调查人员行动轨迹生成）。调查结束后，我们将调查区域的数

[1] 国家发展改革委、水利部、农业部等：《黄土高原地区综合治理规划大纲（2010—2030 年）》，2010 年 12 月 30 日。
[2] 孙周勇、邵晶：《论寨峁梁房址的建造、使用和废弃》，《考古与文物》2018 年第 1 期，第 75 页。

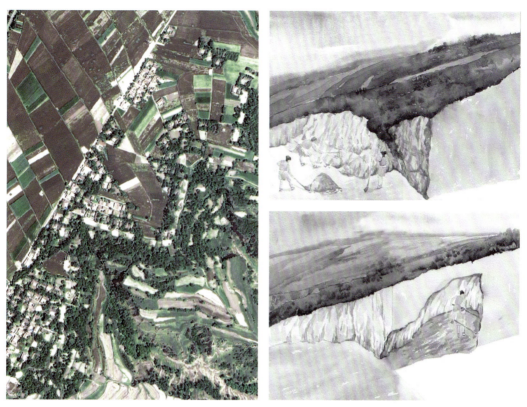

图 6-1 桥村现代土地利用方式

（右图引自孙周勇、邵晶《论寨峁梁房址的建造、使用和废弃》，2018 年）

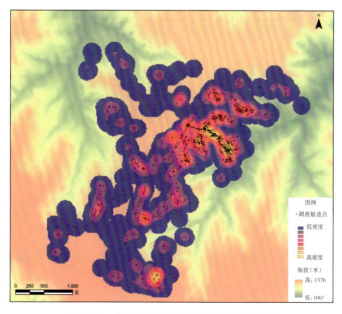

图 6-2 桥村遗址调查采集点与地貌图

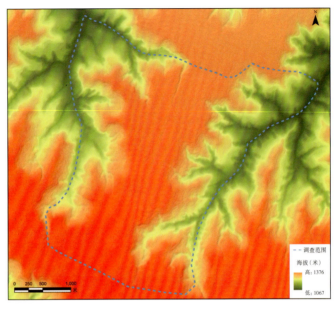

图 6-3　桥村遗址调查区域 DEM 高程图

字高程模型（以下简称"DEM"，即 Digital Elevation Model）和采集点经纬度坐标导入 GIS 软件中叠置生成采集点分布示意图（图 6-3），其中蓝色虚线的范围即此次的调查范围。结合地貌图我们可以清楚地看到，整个台塬呈西南—东北向分布，海拔 1100~1400 米，台塬顶面至沟壑底部落差高达 300 米。台塬顶面地形相对平坦，东西宽度近 1000 米，台地边缘沟壑纵横。从采集点的分布情况我们可以直观地看出，桥村遗址的遗迹绝大多数都分布在该台地东侧边缘，尤其在东侧中部向下延伸的沟壑及长梁剖面上非常密集，而在台地中部较平坦区域以及台地西侧则只有零星的分布。

关于台塬中部采集点较少的原因，一方面由于缺少剖面而观察不到太多遗迹现象，需要结合进一步的勘探和发掘才能知悉遗迹的丰富程度；另一方面由于大量辟田、修路、建房等人类活动的影响，地表翻动较为剧烈，我们在对中部区域的踏查过程中并未发现有与遗址相关的地表散落遗物。

事实上，在本次调查过程中，对桥村遗址的勘探工作也在同步进行。勘探区域位于台塬边缘的平坦区域，勘探面积约 1 万平方米，探孔间距 5 米，钻探深度 3~5 米。在勘探区域除发现有白灰面房址、灰坑和墓葬等遗迹外，还发现多处大面积分布的夯土区（图 6-4），很可能与大型建筑设施有关。同时也发现越靠近台塬中心，钻探所能发现的遗物及带夯垫土就越少，说明桥村龙山聚落对台塬边缘的利用有着特别的偏好，这很可能与窑洞式建筑的选择有密切的联系。至于近台塬中心的平坦塬面上，在目前缺少发掘确认的情况下，似乎并没有发现桥村聚落分布的迹象。

图 6-4　探孔分布及夯土发现情况（红色）

此次调查主要发现有房址、灰坑、墓葬、窑址四类遗迹，根据遗迹的分布状况可以发现桥村遗址存在一个遗迹密集区域（图 6-5），即桥村聚落的核心区域，而其余零散分布的遗迹点则勾勒出桥村聚落的边缘区域，根据计算可知桥村聚落面积情况如表 6-1所示。

表 6-1　桥村遗址面积

	投影面积 / 万 m^2	表面积 / 万 m^2
核心区域	95.53	103.42
边缘区域	515.16	526.03
合计	610.69	629.45

二、遗迹空间分布

黄土台塬地貌的构造与演变反映出桥村遗址整体处于长期的侵蚀—堆积过程中，尤其是以垂直方向的侵蚀为主。数百万年的黄土堆积以及龙山时代晚期至今长达四千多年的搬运和侵蚀对该地区的海拔高度并不会产生太过强烈的影响，但是会造成这些台塬边缘长梁与沟壑的迅速形成，因此，我们以桥村聚落各类遗迹在三维空间上的布局为重点，根据坡度、曲率等地貌形态学特征将整个调查区域的地貌类型进行进一步细分。

（一）地貌类型分类

数字高程模型 DEM 是表示区域上的三维向量有限序列，是对地球表面地形地貌的一种离散的数学表达，其蕴含着丰富的地形、地貌信息，能够反映一定分辨率的局部地形特征、基本地形空间分布规律与地貌特征。从 DEM 中我们可以提取到大量的陆地表面

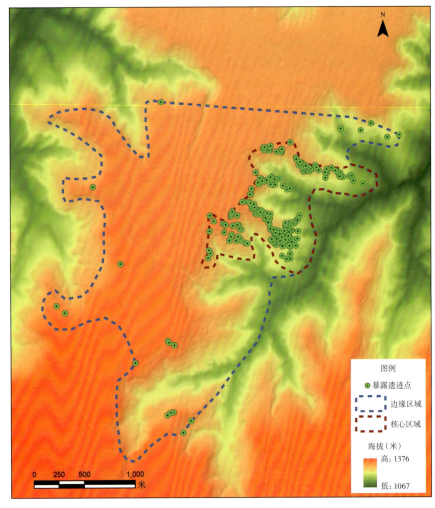

图6-5　桥村遗址核心区遗迹分布图

形态信息，包括海拔、坡度、坡向、曲率等地形指标。

利用 SAGA-GIS 软件中的 Terrain Surface Classification[1] 对 5 米空间分辨率的 DEM 数据进行分析后，以 DEM 中包含的坡度（slope）、结构（texture）和凸度（convexity）三种地形指标综合进行地貌类型划分：

坡度：即栅格中每个像元的坡度，根据程度大小可以分为极陡、陡坡、较陡、缓坡四种类型；

结构：即地表结构的粗细程度，反映地貌结构的空间变异尺度，可以分为粗结构和

---

[1] Iwahash, J. & Pike, R.J.（2007）: Automated Classification of topography from DEMs by an unsupervised nested-means algorithm and a three-part geometric signature. *Geomorphology* 86：409-440.

细结构两种类型；

　　凸度：即栅格表面的凸出程度，数值的大小反映上凸程度大小，即坡面的凸起程度，可分为高凸度和低凸度两种类型。

　　据此，可以将桥村遗址调查区域划分为 16 种地貌类型。（图 6-6）

　　（二）遗迹与地貌类型的相关性分析

　　景观考古分析中经常使用基于空间统计的非参数检验来考察一些地貌类型与考古遗存之间的相关性，以下我们利用卡方检验对全部遗迹点与地貌类型之间的相关性进行分析。

　　在图 6-6 的范围内，我们以各种地貌类型的面积占比作为景观要素的背景数据，以每种地貌类型所包含的遗迹单位数量占遗迹总数的比例作为考古遗存的参数。

　　将表 6-2 中这两类数量百分比以柱状图的形式进行叠加展示如图 6-7，其中纵坐标代表数量百分比，横坐标 1~16 分别对应前述的 16 种地貌类型。图中黑色竖条代表每种地貌类型所包含的遗迹数量百分比，彩色柱状图代表各类地貌类型在整个空间范围的百分比。由于在分类过程中我们将坡度根据陡缓程度分为了四类，所以这 16 种地貌类型根据坡度也分为四组，并用四种主要背景色区分：红色代表非常陡，蓝色代表陡坡，绿色代表较陡，黄色代表缓坡。

　　从图 6-7 可以直观地看出，该地区以坡度非常陡的地貌类型为主，陡坡次之，较陡和缓坡地貌类型较少，但同时可以看出"缓坡—粗结构—低凸度"的地貌类型也占有相当多的比例，与该地区塬面平坦的地貌相对应。在这一大背景下，通过观察各地貌类型内遗迹的丰富程度我们可以看出，遗迹在各个地貌类型分布的数量百分比与各地貌类型

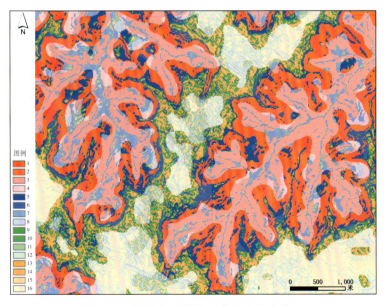

图 6-6　桥村遗址地貌分类与遗迹分布图

表 6-2　地貌类型与遗迹相关数据

编号	地貌类型	面积（平方千米 / 占比 %）		房址	灰坑	窑址	墓葬	合计
1	极陡—细结构—高凸度	4.25	13.9	21	25	4	4	54
2	极陡—粗结构—高凸度	2.61	8.5	17	13	3	4	37
3	极陡—细结构—低凸度	6.15	20.1	5	6	1	0	12
4	极陡—粗结构—低凸度	0.91	3.0	0	0	0	0	0
5	陡坡—细结构—高凸度	2.44	8.0	18	28	7	10	63
6	陡坡—粗结构—高凸度	1.16	3.8	4	6	2	2	14
7	陡坡—细结构—低凸度	2.2	7.2	0	2	0	0	2
8	陡坡—粗结构—低凸度	0.65	2.1	0	0	0	0	0
9	较陡—细结构—高凸度	1.42	4.6	5	3	1	0	9
10	较陡—粗结构—高凸度	1.06	3.5	0	0	0	0	0
11	较陡—细结构—低凸度	0.76	2.5	0	0	0	0	0
12	较陡—粗结构—低凸度	1.6	5.2	0	0	0	0	0
13	缓坡—细结构—高凸度	0.95	3.1	1	1	0	2	4
14	缓坡—粗结构—高凸度	1.24	4.1	0	0	0	0	0
15	缓坡—细结构—低凸度	0.42	1.4	0	0	0	0	0
16	缓坡—粗结构—低凸度	2.8	9.1	0	0	0	0	0
合计		30.61	100.1	71	84	18	22	195

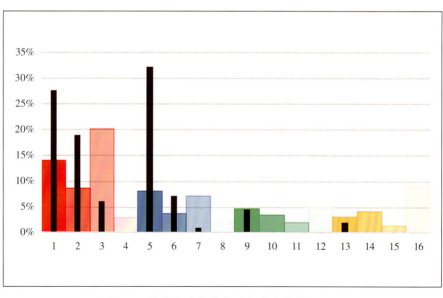

图 6-7　桥村遗址地貌类型与遗迹数量百分比

在整体区域内的占比呈现高度拟合特征，绝大多数的遗迹位于占比最高的非常陡和陡坡坡度地貌类型中，而在较陡和缓坡坡度地貌类型中可见遗迹较少，即遗迹的分布与我们所分类的地貌类型存在较强的相关性。此外，在"极陡—细结构—高凸度""极陡—粗结构—高凸度""陡坡—细结构—高凸度""陡坡—粗结构—高凸度"这四种地貌类型内，遗迹的数量百分比超出该地貌类型的区域占比，反映了桥村聚落的遗迹倾向于分布在陡坡和高凸度的地貌位置。

将各地貌类型的背景数据百分比作为期望值，将各地貌类型包含的遗迹数量百分比作为计算值，对这两组数据进行卡方检验后，结果显示 P<0.01，说明遗迹倾向分布于特殊地貌类型，进一步验证了我们从柱状叠加图中所发现的相关性结论。

（三）遗迹间相关性分析

此次调查主要发现有房址、灰坑、墓葬、窑址四类遗迹。（图 6-8）针对遗址的核心区域，利用 GIS 软件将四类遗迹分别做成核密度栅格图后，以每个栅格的密度值作为房址与其他遗迹的横纵坐标值，可以得到反映房址与其他三类遗迹之间密度相关性的散点图。（图 6-9 至图 6-11）

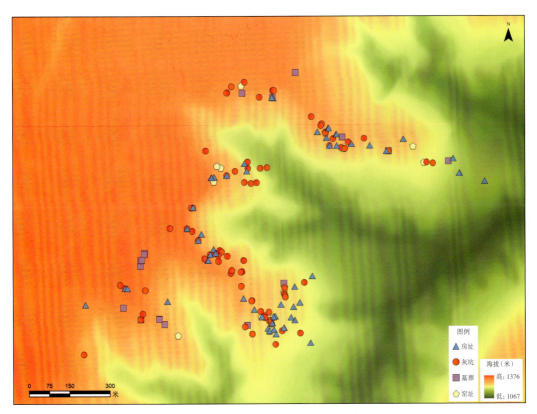

图 6-8　桥村聚落核心区域四类遗迹分布图

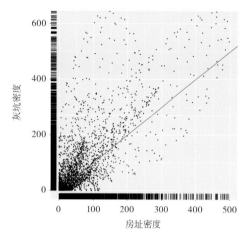

图 6-9　房址—灰坑散点图

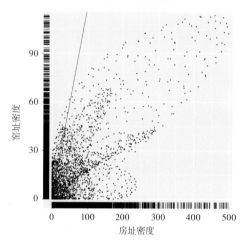

图 6-10　房址—窑址散点图

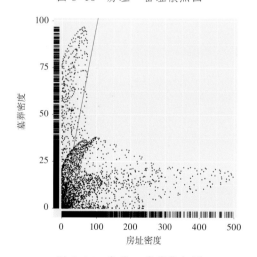

图 6-11　房址—墓葬散点图

首先可以看出，四类遗迹的低密度值均较多并且相关性并不明显，而表现在高密度值上的相关性非常值得关注：房址与灰坑和窑址都存在正相关性，即房址的密度越高，灰坑和陶窑的密度也就越高，其中与灰坑的正相关性体现在两个方向上，说明房址与灰坑的组合在核心区域内或可分为两组，与陶窑的正相关性体现在一个方向上，说明房址与陶窑的组合存在一组；房址与墓葬存在负相关性，说明房址的密度越高，墓葬的密度则越低。

四类遗迹之间存在如此明显的正负相关性，联系遗迹本身与地貌类型之间的高度相关性，说明我们有必要进一步从地貌类型出发对该核心区域内的遗迹组合进行更加细致的空间分组研究。

三、遗迹分组研究

在遗迹与地貌类型的相关性研究中我们已经看出，遗迹主要集中于"陡坡"和"高凸度"这两种地貌特征内，我们可以据此从水平和垂直空间的角度再将遗迹分为三组。（图 6-12）

从大的地貌单元来看，A 组主要集中于一条西北—东南向长梁的南面，B 组主要集中于整个西南—东北向台塬东侧边缘，C 组主要集中于台塬东侧向东南方向延伸出去的一个小型圆峁上。

利用 GIS 软件，我们可以提取每个组内遗迹点所包含的地貌信息，如海拔高度（elevation）、坡度（slope）、坡向（aspect）及曲率（curvature）等，将这些信息分别汇总并以提琴图的形式展示出来，就可以对组

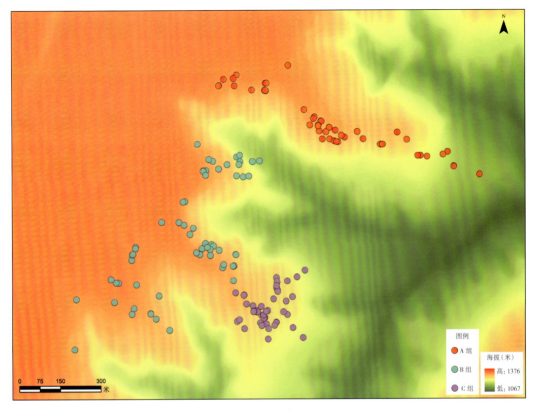

图 6-12　遗迹点分组图

与组之间、组内各类遗迹间的地貌差异有一个直观的认识。

在 GIS 中，以像元数据表达的各种栅格地貌数据计算方式如下：

海拔（elevation）：指栅格图中每个像元的海拔高度。是 DEM 的基础数据，其他诸如坡度、坡向、曲率等栅格地貌数据均由"邻域计算"方法从 DEM 中派生出来。

坡度（slope）：指栅格图中每个像元的坡度。GIS 软件会根据 DEM 中每个像元相邻 8 个像元的海拔高度数值计算出该像元的最大坡度，坡度值范围为 0°~90°。

坡向（aspect）：在地学中指坡面法线在水平面上的投影方向。GIS 软件会根据 DEM 中每个像元相邻 8 个像元的最大坡度的朝向确定为该像元的坡向。坡向由 0°~360° 之间的正度数表示，以北为基准方向按顺时针进行度量。

曲率（curvature）：指在数学中表明曲线在某一点的弯曲程度。在 GIS 软件中，该值通过相邻 8 个像元拟合输出为每个像元的表面曲率，由于其是表面坡度的二阶导数，所以也可称为坡度的坡度。曲率为正说明该像元表面上凸，为负说明下凹，为 0 说明表面平坦，数值的绝对值越大，上凸或下凹的程度就越大。

因此，海拔代表了遗迹所在位置在垂直空间上的差异；坡度和曲率能够分别反映遗迹与"陡坡"和"高凸度"的相关性；坡向即朝向，能反映接受阳光和季风的状况。以下我们即从这几个关键地貌特征看遗迹及其分组之间的关系。

（一）组间地貌特征比较

根据提琴图（图6-13），我们可以将A、B、C三组的地貌特征总结如表6-3所示，可以看出：

A组和B组遗迹的海拔分布范围及高差表现较一致，且均在1300米左右的海拔区

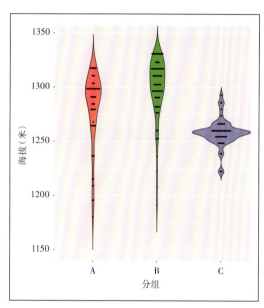
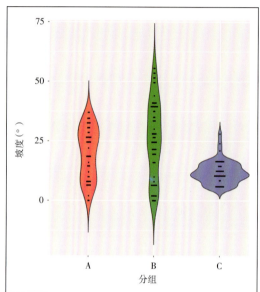
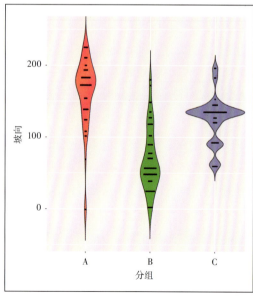
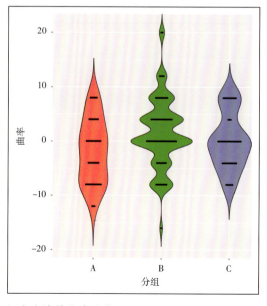

图6-13　A、B、C三组遗迹地貌信息比较

表 6-3　A、B、C 三组遗迹地貌特征比较

地貌特征＼分组		A 组	B 组	C 组
海拔	分布范围	1150~1350 米	1160~1355 米	1220~1300 米
	高差	200 米	200 米	80 米
	密集区间	1300 米	1295 米 1315 米 1330 米	1260 米
坡度（密集区间）		8°（缓坡） 30°（陡坡）	0°~8°（缓坡） 25°~38°（陡坡） （整体分布较为均匀）	10°~15°（较缓坡）
坡向		北偏东 180° （正南方向）	北偏东 50° （正东偏北方向）	北偏东 140° （东南方向）
曲率		平坦 下凹	平坦（最多） 上凸（受坡度均匀分布影响呈阶梯式分布）	平坦（最多） 上凸

间内存在遗迹的密集分布，但 B 组的整体遗迹分布海拔明显高于 A 组；C 组遗迹海拔分布范围和密集区间远低于前两组，且遗迹分布高差也小于前两组，遗迹的密集程度更加突出。

　　A 组和 B 组的遗迹在坡度密集区间表现较一致，但 A 组的集中程度更明显，B 组遗迹在坡度数据上表现较为均匀，并且两者遗迹所处坡面的曲率呈负相关性，A 组遗迹所处的坡面大多呈下凹，而 B 组则多为上凸；C 组遗迹分布的坡度密集区间与前两组并不重合，主要在介于缓坡与陡坡之间的较缓坡地带有密集分布，坡面以上凸为主，与 B 组类似。三组在坡向上各有特点，遗迹分别主要表现为正南、东北和东南三种朝向。

　　上述各组间的相似与差异性，一定程度上可以从各自所处的地貌单元来做出解释：A 组和 B 组的遗迹分别是沿长梁和台塬边缘的阶状剖面自海拔最高处向沟壑底部分布，在梁面和塬面上的遗迹，其坡度会显得较为平缓，而在垂直向下的阶状沟壑内会显得相当陡峻，故呈两组密集区间分布；而 C 组遗迹则集中在自台塬边缘延伸出的一个相对海拔较低的圆形峁上，峁面相对较为平坦且向低处延伸的坡面也不像沟壑一般陡峭，由此产生的遗迹分布海拔高差范围及坡度与前两组有明显差异。但与 A 组相比较，B 组遗迹的坡度与曲率更为均匀。三组遗迹的朝向中除 B 组受台塬东侧边缘位置的影响只能以正东偏北朝向分布为主外，A 组和 C 组遗迹的朝向显然有朝阳的偏好选择。

　　（二）组内遗迹类型比较

　　1. A 组（图 6-14；表 6-4）

　　A 组内四类遗迹均在 1280~1320 米海拔区间内密集程度最为显著，其中房址和窑址

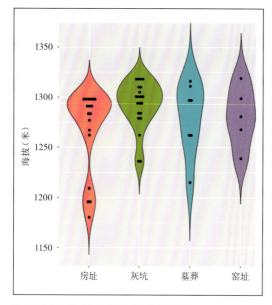
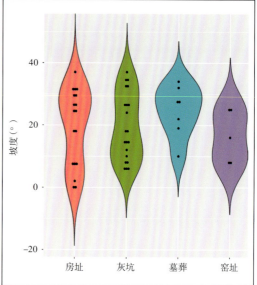
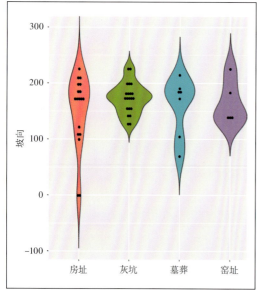
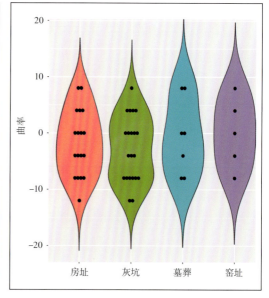

图 6-14　A 组遗迹地貌信息比较

的海拔高度相对较低（<1300 米），灰坑和墓葬的海拔高度相对较高（>1300 米），且房址和灰坑在低海拔地区内也有较小程度的密集分布。

　　在 1275~1300 米之间可以明显看到有 6 排海拔高差 6~7 米的房址垂直分布，且自低向高每排所包含的房址数量呈递增状态，最高 1300 米海拔处房址数量最多。与房址类似等高差成排垂直分布的还有位于 1280~1320 米之间的灰坑，每排之间海拔高差不足 5 米，

表6-4 A组遗迹地貌特征比较

A组		房址	灰坑	墓葬	窑址
海拔	分布范围	1150~1337 米	1200~1350 米	1150~1375 米	1200~1362 米
	高差	190 米	150 米	225 米	160 米
	密集区间	1200 米 1290 米	1237 米 1300 米	1300 米	1280 米
坡度 （密集区间）		5°（缓坡） 30°（陡坡）	10°（较缓坡） 30°（陡坡）	30°陡坡	10°（较缓坡） 25°（陡坡）
坡向		北偏东 180° （正南方向）	北偏东 180° （正南方向）	北偏东 180° （正南方向）	北偏东 145° （东南方向）
曲率		平坦 下凹（最多）	平坦 下凹	平坦 下凹（最多）	平坦（最多） 下凹

较之房址分布更密，但数量变化较为稳定，并且在包含房址最多的一排同样包含最多的灰坑，说明在海拔 1300 米处的房址与灰坑最密集，是聚落集中活动区域。

四类遗迹中房址、灰坑、窑址都呈现明显的两组坡度集中区间，分别是 10°以下的缓坡和 30°左右的陡坡，且三类遗迹在这两组坡度区间的集中程度表现为三种情况：房址陡坡多，缓坡少；灰坑陡坡少，缓坡多；窑址陡、缓坡一致；而墓葬则基本集中在陡坡上分布。与坡度差异不同的是各类遗迹的坡面曲率密集区间较为一致，均为平坦与下凹坡面为主。

房址、灰坑、墓葬的朝向均集中于正南方向，即应主要分布于长梁的南面；而窑址的朝向则主要集中于东南方向，即应主要分布于长梁东侧尽头的剖面上。

2. B组（图 6-15；表 6-5）

B组的四类遗迹均在 1300 米以上的海拔范围内密集分布，房址和灰坑的海拔高差范围较大，垂直分布较广泛；墓葬和窑址的海拔高差范围较小，垂直分布较为集中，且都明显有两组高差接近的集中分布区间。窑址的密集分布海拔高度明显要低于其他三类遗迹。

在 1275~1330 米海拔高度之间可以明显看到灰坑遗迹以 5 米高差成排垂直分布，并且在 1300 米左右的高度最为密集；与灰坑类似，在 1312~1330 米海拔高度之间也可以明显看到房址遗迹以 6~8 米等高差成排垂直分布，在 1320 米左右的高度最为密集。

而其他两类遗迹并没有明显的等高差成排分布特征。

房址和灰坑在不同坡度上的分布表现较为均匀，相对而言，在陡坡及非常陡的坡度上分布较多；墓葬和窑址明显有两组坡度集中区间，前者主要在缓坡密集分布，陡坡相对较多，后者主要在陡坡密集分布，非常陡的坡度上相对较多，整体来看墓葬的平均坡

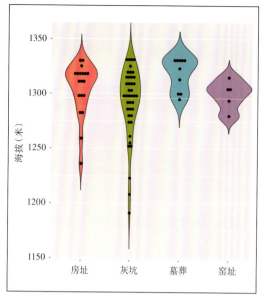
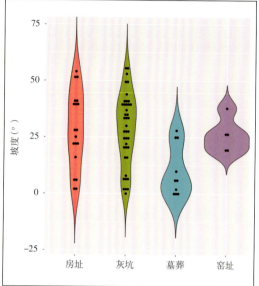
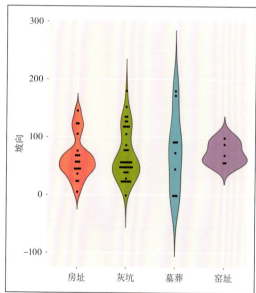
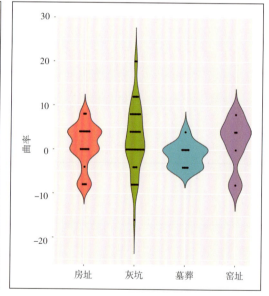

图 6-15　B 组遗迹地貌信息比较

度要小于窑址。坡面曲率上除灰坑集中分布于平坦坡面以外，其他三类遗迹均有两组或两组以上的坡面曲率集中区间：房址在三种曲率形态的坡面上均有密集分布，主要集中于平坦和上凸坡面；窑址除较少在平坦剖面分布外，其余与房址较为一致；墓葬则主要在平坦和下凹坡面分布，与其他三类遗迹有较大差异。

　　房址和灰坑的坡向较为一致，均以东北方向和东南方向两组朝向为主密集分布；墓

表 6-5　B 组遗迹地貌特征比较

B 组		房址	灰坑	墓葬	窑址
海拔	分布范围	1220~1350 米	1160~1360 米	1270~1355 米	1265~1325 米
	高差	130 米	200 米	80 米	60 米
	密集区间	1320 米	1300 米	1300 米 1330 米	1280 米 1310 米
坡度（密集区间）		25°~40°（陡坡） （整体分布较为均匀）	40°（非常陡） （整体分布较为均匀）	5°（缓坡） 25°（陡坡）	25°（陡坡） 40°（非常陡）
坡向		北偏东 60° （正东偏北方向） 北偏东 130° （东南方向）	北偏东 45° （东北方向） 北偏东 130° （东南方向）	北偏东 90° （正东方向） （整体分布较为均匀）	北偏东 60°~90° （正东方向）
曲率		上凸（最多） 平坦 下凹	平坦（最多） 上凸	平坦（最多） 下凹	上凸（最多） 平坦 下凹

葬的朝向分布较为均匀，相对而言正东朝向较为集中；窑址则主要集中于正东偏北朝向，集中程度高于其他三类遗迹，也与房址和灰坑的朝向在一定程度上是错开的趋势。

3. C 组（图 6-16；表 6-6）

C 组中由于墓葬仅发现两座，数据太少导致无法生成提琴图，表格中显示的数据为个体数据。

四类遗迹均在 1250 米以上的海拔范围内密集分布，房址及灰坑的海拔高差范围较大，

表 6-6　C 组遗迹地貌特征比较

C 组		房址	灰坑	墓葬	窑址
海拔	分布范围	1210~1300 米	1230~1290 米	1260 米	1250~1280 米
	高差	90 米	60 米	/	30 米
	密集区间	1255 米	1260 米	1260 米	1260 米 1270 米
坡度（密集区间）		5°~10°（缓坡）	5°~15° （缓坡—陡坡）	10°（缓坡） 15°（陡坡）	5°~15° （缓坡—陡坡） （整体分布较为均匀）
坡向		北偏东 135° （东南方向）	北偏东 135° （东南方向）	90°（正东） 180°（正南）	北偏东 135°（东南方向） （整体分布较为均匀）
曲率		上凸 平坦（最多） 下凹	上凸 平坦（最多） 下凹	平坦 上凸	上凸 平坦 下凹（最多）

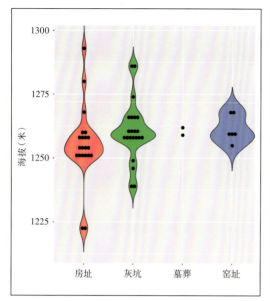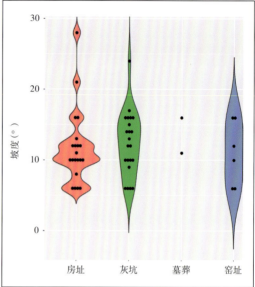

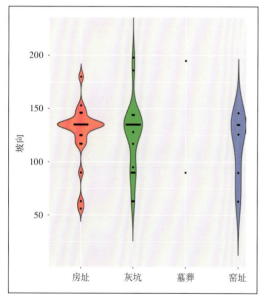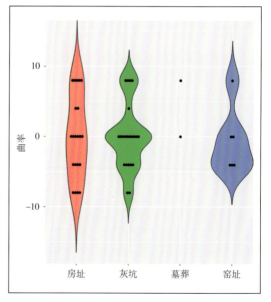

图 6-16　C 组遗迹地貌信息比较

垂直分布较为广泛；墓葬海拔高差范围很小，垂直分布非常集中。整体来看，灰坑和墓葬的平均海拔高度要高于房址。

　　在 1250~1270 米海拔高度之间可以明显看到房址以 5 米等高差分 4 排垂直分布，并且自低处向高处每排包含房址数呈下降趋势，而其他三类遗迹并没有明显的等高差成排分布特征。

四类遗迹的坡度基本在5°~15°的区间内密集分布，房址的坡度区间可明显分为缓坡和陡坡两组，而灰坑和窑址在坡度上分布相对平滑。灰坑相对集中于陡坡，墓葬整体较为均一。三类遗迹在曲率上的反映与各自的坡度的波动程度呈相反态势，房址坡面的曲率整体分布较为均匀，主要集中于平坦坡面；灰坑和窑址坡面的曲率分布则相对分异明显：灰坑主要集中于平坦坡面，窑址主要集中于下凹剖面。

（三）结论

通过组间比较，A、B两组除坡向外其余地貌信息都表现出较高的相似性，而C组则相对独立，这与三组遗迹分别所处的长梁、塬边、峁面三种地貌有较大关系，说明桥村聚落核心区遗迹的分布仍然受自然地理环境的影响较大。但同时值得关注的是，A、B、C三组遗迹表现出在一定海拔范围内等高差成排垂直分布的现象，且A、B、C三组遗迹在相同的曲率值均有密集分布的现象，说明桥村聚落核心区域对坡面的曲率上可能有着相对统一的要求，尽管各组所处的地理环境存在差异，但还是会按照较一致的坡面来进行人类活动行为，而且以5~8米等高差垂直分布的现象进一步说明这种选择是对地貌环境的主动性改造，与今天的阶状地貌的构造过程及表现结果有一定的相似性。

从组内来看，等高差成排垂直分布的现象主要集中在房址和灰坑遗迹中：三组聚落的房址都在落差20~40米的范围内集中存在以5~8米等高差垂直分布的特征。其中，同一等高线上的每排集中分布的房址最多不超过6座，最少不低于1座，一般有4排左右，即每组内都存在集中分布的大致10~20座窑洞式（单体）房屋的现象。A组房址在分布上尤其特殊，自低处向高处房址数量逐渐增多。存在这一现象的灰坑遗迹主要在A、B两组内，且分布的海拔范围与房址有重合，说明两者有组合分布的情况。因此，可以推测这种组内以大致10~20座窑洞式房屋集中分布的现象，构成以房址为核心的居住群可能是桥村聚落内部一个基本的社会组织单元，而每组内这种集中分布的房屋群至少有2~3个，其包含的总体房址数量接近，上下海拔范围受地貌影响略有差距，但单元内每排房址的高差固定，应在营建过程中遵循了某种统一规划的要求或标准。如此，上述按等高差以"排—群"为单位分布的房屋，很可能代表了"大家庭—家族"的社会组织形态，它们又按照不同的地貌单元成组分布，共同构成了整个桥村聚落。按照每个核心家庭4~5人、一个大家庭4~6个核心家庭的规模计算，桥村聚落居住在窑洞中的常住人口规模大致在1000人左右。如果考虑到由于溯源侵蚀等所导致的黄土地貌和遗迹被破坏的情况，桥村聚落的人口规模应大于此数。

需要注意的是，上述聚落分析主要依据的是窑洞式房屋等普通类型的遗迹。实际上，我们还在桥村遗址塬面顶部的边缘集中发现有瓦（包括筒瓦和槽形板瓦）等大型建筑的材料，而本次调查也在相同的位置有所发现。2018~2019年的发掘，揭示出在附近的塬面顶部存在大型夯土类的建筑，同时考虑到此前同样位置征集到相当数量的玉器，因此我们有理由认为，桥村聚落在塬面顶部还存在有别于一般的窑洞式房屋的礼仪性质的高等级建筑。这些高等级的建筑，显然不仅仅服务于桥村聚落一处，而是更大范围内社群开展宗教礼仪活动的场所，如此一来，以桥村聚落为中心能够吸引整个聚落群甚至更多的人口，说明桥村聚落应当是一个区域性的中心聚落。这是在对桥村遗址进行聚落形态分析时必须考虑的问题。

第七章 结 语

2018~2019 年桥村遗址调查是在区域系统调查方法的指导下针对单个遗址实施的全覆盖式考古调查。为适应黄土高原环境下原生堆积多位于剖面的特性，同时为实现在未进行发掘的情况下充分了解桥村遗址单个聚落形态的目的，本次调查始终在理解聚落整体空间布局特征的基础上设计调查方案和整理调查材料，坚持以剖面遗迹单位作为主要调查对象，在考古调查 WEB-GIS 系统及 3S 技术的支持下，完成了所划定调查范围的全部实地踏查工作，获得了陶片、瓦片、骨器、石器、浮选土样及植硅石等实物样品，并在整理过程中获得了以下认识：

第一，桥村遗址内采集陶片所反映的年代特征较为集中，主要集中于龙山时代晚期。由于采集遗物均有明确的遗迹单位归属，故相比以往调查零星采集的陶片，这次调查获得的陶片可以通过统计不同陶系和器形的出土概率，在一定程度上更加真实且完整地还原遗址的文化面貌。通过与整个泾渭河流域范围内同时期史前遗址的分区及陶器比较研究，确认了桥村遗址的文化面貌与渭河中游关中西部地区以双庵遗址、石嘴头遗址、赵家来遗址为代表的客省庄二期文化遗存的面貌非常接近，但同时遗址内也出土了如带耳篮纹花边侈口罐、槽形板瓦和筒瓦等不见于整个泾渭河流域的典型器物，拥有一定的自身文化特色。

第二，遗址内出土的瓦片主要位于海拔较高的台塬边缘，这与后期在台塬边缘的勘探及发掘工作所发现的大型建筑台基的遗迹结构存在一定的联系，表明在台塬边缘的平坦地带分布有以槽形板瓦这种复杂瓦片装饰的高等级建筑，结合以往简报在台塬边缘区域集中出土的玉器坑信息，桥村聚落内部可能在相对海拔最高的台塬边缘平坦区域设置具有一定宗教祭祀功能的公共场所，而在海拔相对较低的陡坡则选择类窑洞式建筑作为居址区。

第三，根据遗迹单位在调查区域的分布情况，确认了桥村聚落核心区域总表面积达103.42 万平方米，与第三次全国文物普查确认的 70 万平方米的粗略数据相比，遗址范围更大也更加明晰。

第四，聚落核心区域内遗迹的分布均与地貌类型存在高度相关性，并主要集中于"陡坡—高凸度"的地貌类型中。房址与灰坑、窑址在分布密度上存在明显的正相关性，而与墓葬之间存在负相关性。根据长梁、台塬和峁三种地貌环境，可将遗址核心区域内遗迹分为 A、B、C 三组，通过海拔、坡度、坡向、曲率四个方面的比较分析，显示出三组遗迹在一定海拔范围内等高差成排垂直分布的现象，尤其在房址与灰坑遗迹中表现明显，结合各组在凸度分布的高度相似性，表明桥村聚落对于生活居址的选址存在一定的同一性，并会为此进行局部地貌的主动改造，这种同一性在海拔高度的分布上表现出鲜明的垂直差异，尤其以 A 组自低处向高处每一条等高线上分布房址数量逐渐增多的特征最为突出，或可作为推断桥村遗址社会组织单元的一个重要线索。

此次调查虽然在短时间内获得了上述一些重要收获，但也存在一些问题，主要是：第一，在对遗迹的辨认过程中，由于剖面所能暴露的遗迹结构往往都是不完整的，故对遗迹的准确判断存在一定的偏差。比如，有的房址包含有灶坑结构，其中往往包含较多的红烧土，表现在剖面上就容易与窑址的火膛结构相混淆，因此在后期资料整理过程中，我们对窑址的判断尽量选择剖面结构较清晰的单位进行展示，也会因此忽视一些暴露不清的遗迹单位。第二，由于一个采集点会包含多个相距很近的遗迹单位，这些遗迹点在 DEM 中会显示为同一个位置，同时受限于 DEM 的精度，在利用 GIS 软件进行空间分析时会产生一定程度的误差。

本次桥村遗址调查为后续桥村遗址进一步的考古工作提供了重要的基础材料，尤其是对遗址年代和核心区域的确认，为发掘选址提供了重要依据。考虑到本次调查对剖面遗迹所反映出的聚落形态特征进行了较为翔实的讨论和研究，今后的发掘工作应主要集中在台塬边缘的平台区域，以确认勘探过程中发现的带夯垫土区域及调查过程中发现的槽形板瓦所指示的大型建筑。

从本次调查的收获来看，如果着眼于整个陇东地区文化谱系及黄土高原环境背景下聚落形态的相关研究，今后还需要继续扩大调查范围。以此次桥村遗址调查的方法和认识为指导，可以在后续开展针对整个黑河流域范围内的区域系统调查工作。随着调查范围的不断扩大以及更多与桥村遗址类似的高等级聚落的不断发现，黄土高原地貌环境所孕育的史前文化发展图景也将逐渐被揭示，这对于我们了解整个河套地区史前社会复杂化的模式和过程具有重要的意义。

附表 1　桥村遗址调查出土龙山时代陶片陶系数量统计表

剖面	名称	堆积	总计	陶系				
				泥质红陶	夹砂红陶	泥质灰陶	夹砂灰陶	泥质黄褐陶
P1	S1	灰坑	2	1		1		
P2	S1	灰坑	9	2	1	3	3	
P3	S1	灰坑	25	21	3		1	
P4	S4	灰层	9	7	2			
P4	S1	垫土	2	2				
P5	S1	灰坑	15	8	3	3	1	
P15	S1	垫土	9	3	1	4	1	
P16	S1	灰坑	12	2	1	9		
P18	S4	灰层	7	4		1	2	
P33	S2	灰坑	9	4	2	1	2	
P34	S1	灰坑	5	1		3	1	
P34	S5	房基	3		2		1	
P35	S3	灰坑	29	15	6	7	1	
P35	S6	房基	2	1	1			
P35	S4	灰坑	2	1	1			
P36	S5	房基	10	7	1	2		
P36	S8	灰坑	18	9	4	3	2	
P41	S2	灰坑	13	4	4	4	1	
P41	S1	灰坑	6	3		2	1	
P42	S1	房基	13	3	4	5	1	
P46	S1	灰坑	2	1	1			
P55	S1	灰坑	3	3				
P56	S3	房基	13	3	1	7	2	
P65	S1	灰坑	8	2	2	3	1	
P71	S1	灰坑	37	4	2	15	16	
P73	S2	房基	15	9	3		3	
P75	S1	灰坑	13	5	2	4	2	
P77	S2	灰坑	2	1		1		
P83	S1	灰坑	6		1	4	1	
P83	S5	灰坑	4	1	1	1	1	

续附表 1

剖面	名称	堆积	总计	陶系				
				泥质红陶	夹砂红陶	泥质灰陶	夹砂灰陶	泥质黄褐陶
P85	S1	灰坑	4	1	3			
P86	S1	灰坑	34	9	13	2	9	1
P92	S1	灰坑	6	1		5		
P92	S6	灰坑	6	2	3	1		
P95	S2	灰坑	55	17	27	10	1	
P96	S1	灰坑	10	2		2	6	
P103	S1	灰坑	14	11	3			
P109	S4	灰坑	12	9	3			
P109	S1	窑址	11	2	2	4	1	2
P110	S1	灰坑	29	3	5	12	9	
P114	S1	灰坑	12	3	3	5	1	
P116	S2	灰坑	26	7	4	9	6	
P116	S5	灰坑	9	3	2	2	2	
P116	S5	灰坑	9	3	2	2	2	
P119	S2	灰坑	8	3	5			
P119	S1	灰坑	12	1		6	5	
P123	S1	灰坑	3	3				
P124	S1	灰层	30	16	6	2	4	2
P124	S3	灰层	6	3	2	1		
P124	S2	夯土	2	1		1		
P127	S1	灰层	11	5	2	3	1	
P132	S1	房基	22	7	9	6		
P136	S1	房基	68	1	21		46	
P141	S1	灰坑	6	4	2			
P142	S1	灰坑	11	2	2	5	2	
P147	S1	灰坑	1		1			
P149	S1	灰坑	1	1				
P154	S1	灰坑	4		1	1	1	1
P155	S1	灰坑	3	1	2			
P158	S1	灰坑	29	17	7	2	3	

续附表 1

剖面	名称	堆积	总计	陶系				
				泥质红陶	夹砂红陶	泥质灰陶	夹砂灰陶	泥质黄褐陶
P160	S1	房基	91	42	31	10	8	
P167	S1	房基	8	1	1	4	1	1
P168	S5	房基	12	8	2	1	1	
P168	S3	房基	2	1	1			
P172	S1	灰坑	5	5				
P173	S1	灰坑	21	12	2	6	1	
P173	S4	灰坑	12	6	1	4	1	
P178	S3	灰层	6	2		3	1	
P178	S2	灰坑	1	1				
P181	S1	灰坑	10	5	5			
P181	S3	灰坑	4	3	1			
P183	S5	窑址	7			3	4	
P183	S1	灰坑	6	3		2		1
P183	S4	灰坑	6	1	2	2		1
P185	S2	房基	12	9		1	2	
P187	S1	房基	3				3	
P190	S1	灰坑	2		1			1
P203	S1	灰层	9	2	1	4	1	1
P208	S1	灰坑	7	4		1		2
P208	S2	灰坑	4	2	2			
P210	S1	灰坑	3		1		2	
P211	S1	灰坑	17	2		6	9	
P213	S1	灰坑	2				2	
P215	S1	灰坑	1	1				
P216	S1	灰坑	2	2				
P217	S1	房基	8	4	2	2		
P221	S1	灰坑	3		1	1		1
P225	S1	灰坑	5	2	2	1		
P226	S1	灰坑	1		1			
P231	S3	灰坑	3	2				1

续附表 1

剖面	名称	堆积	总计	陶系				
				泥质红陶	夹砂红陶	泥质灰陶	夹砂灰陶	泥质黄褐陶
P231	S1	房基	1	1				
P235	S1	灰坑	7		4	2	1	
P239	S1	灰坑	5	2	3			
P240	S1	灰坑	15	1	8	5	1	
P241	S1	灰坑	4	1	1	1		1
P246	S1	灰坑	3	2		1		
P248	S1	夯土	6	4	2			
P249	S1	灰层	2		2			
P250	S1	灰坑	14	2	2	4	2	4
P252	S1	灰坑	1	1				
P254	S1	灰坑	20	4		14	2	
P255	S1	灰坑	11	6	4	1		
P255	S4	灰坑	23	3	8	5	7	
P255	S8	灰层	0					
P256	S1	灰坑	11	3	7			1
P258	S1	灰坑	23	6	12	4	1	
P260	S1	灰坑	4	2	1		1	
P262	S3	灰坑	41	18	11	5	4	3
P264	S1	灰坑	2		2			
P265	S1	窑址	13	3	9			1
P272	S2	灰层	41	33	8			
P277	S1	房基	6	1		5		
P279	S1	窑址	12	4	3	2	3	
P282	S1	房基	4	1		3		
P284	S1	灰坑	12	5	4	1	2	
P289	S1	灰坑	2	2				
P290	S1	房基	13	2	8	3		
P296	S1	灰层	1	1				
P297	S1	灰坑	14	7	4		3	
P300	S3	灰坑	36	14	8	10	4	

续附表 1

剖面	名称	堆积	总计	陶系				
				泥质红陶	夹砂红陶	泥质灰陶	夹砂灰陶	泥质黄褐陶
P300	S2	灰层	6	1		5		
P301	S1	灰坑	10	7	3			
P306	S2	灰层	12	4		7	1	
P306	S1	灰坑	11	2	2	4	3	
P307	S1	灰层	5	3	2			
P308	S1	灰坑	6	4	1	1		
P309	S1	灰坑	3		3			
P315	S1	灰坑	7	2	2	2	1	
P315	S2	墓葬	4	1	1	1	1	
P316	S1	灰坑	8	2	2	2	2	
P326	S1	房基	14	5	5	1	1	2
合计			1454	542	367	301	217	27

附表 2 桥村遗址调查出土植物遗存统计表

样品号	Sample No.	P1	P103	P104	P109	P114	P116
单位	feature	H1	F1	H1	Y1	H1	H1
土样量	Sample vol (L)	11	15	6	11	12	12.5
重量	Flot weight(g)	4.7	3.6	4	4.4	5.5	11.7
作物类	**Cereals**						
粟 — 粟	*Setaria italica*	3	2		15	259	128
粟 — 残粟	*Setaria italica* frags	2	2		13	128	50
粟 — 不成熟粟	*Setaria italica* immature		2		4	11	6
粟 — 不成熟粟残片	*Setaria italica* immature frags						1
粟 — 极不成熟粟	*Setaria italica* immature						
黍 — 黍	*Panicum milliaceum*				3	31	14
黍 — 残黍	*Panicum milliaceum* frags				2	38	20
黍 — 不成熟黍	*Panicum milliaceum* immature				3	7	2
稻 — 稻米	*Oryza sativa*						
稻 — 不成熟稻	*Oryza sativa* immature						
稻 — 稻残片	*Oryza sativa* frags						
稻 — 稻穗轴	Oryza spikelet base						
小麦 — 小麦	*Triticum aestivum*						
小麦 — 小麦残片	*Triticum aestivum* frags						
大豆 — 大豆	*Glycine max*						
果实类	**Fruits**						
蔷薇科 — 悬钩子属	*Rubus* sp.						
禾本科杂草	**Grasses**						
黍亚科 — 狗尾草属	*Setaria* sp.				1	6	6
黍亚科 — 马唐属	*Digitaria* sp.				1		
黍亚科 — 黍亚科	Panicoideae				4	12	2
黍亚科 — 黍亚科 A	Panicoideae (A type)					1	
早熟禾亚科	Pooideae						
其他杂草	**Other weeds**						
豆科 — 豆科	Fabaceae				1	20	12
豆科 — 豆科残块	Fabaceae frags						
苋科 — 藜属	*Chenopodium* sp.	2					36
苋科 — 猪毛菜属	*Salsola* sp.						
苋科 — 苋属	*Amaranthus* sp.						
苋科 — 蓼科	Polygonaceae						
马齿苋科	Portulacaceae						
未鉴定壳残片	unidentified husk frags						
未鉴定	unidentified seeds					1	
合计	**Total counts**	7	6	0	47	514	277

P122	P131	P136	P141	P149	P158	P158	P16	P160	P162	P163	P166	P167	P168
F1	F1	H1	F1	H1	H1	H2	H1	F1	H1	F1	F1	F1	F1
16	14	9	15	14	25	11	14	10	13	18	12	11	12
5.1	11.3	23.2	3.9	9.2	15.5	11.7	19.9	13.2	6.1	5.9	0.9	6.4	2.5
		67		4	1	6	40	400	9			4	2
	1	11		7	4			160	4			4	
		5		1	1	1	4	14					
							1						
	1	10				1	7	96	3			1	
		2				3	3	44	2			1	
		3					2	1					
									1				
		8						30	2			2	
		2					1	12					
		41		1	1	2	2	450	2			11	
	8	1	2		1	1		1			9		
		1											
							1						
							4	3	1				
0	10	151	2	13	8	14	65	1211	24	0	9	23	2

续附表2

样品号	Sample No.	P168	P170	P173	P18	P183	P185
单位	feature	F2	H1	H1	F1	H1	F1
土样量	Sample vol (L)	10	5	12.5	14	17	12
重量	Flot weight(g)	19.5	6.9	37.8	4.9	6	7.9
作物类	Cereals						
粟　粟	*Setaria italica*	7		1346		15	37
粟　残粟	*Setaria italica* frags	4		380	2	2	17
粟　不成熟粟	*Setaria italica* immature			55			1
粟　不成熟粟残片	*Setaria italica* immature frags						
粟　极不成熟粟	*Setaria italica* immature						
黍　黍	*Panicum milliaceum*	2		186		5	19
黍　残黍	*Panicum milliaceum* frags	3		60			21
黍　不成熟黍	*Panicum milliaceum* immature	1		4		3	6
稻　稻米	*Oryza sativa*						
稻　不成熟稻	*Oryza sativa* immature						
稻　稻残片	*Oryza sativa* frags						
稻　稻穗轴	Oryza spikelet base						
小麦　小麦	*Triticum aestivum*						
小麦　小麦残片	*Triticum aestivum* frags						
大豆　大豆	*Glycine max*						
果实类	Fruits						
蔷薇科　悬钩子属	*Rubus* sp.						
禾本科杂草	Grasses						
黍亚科　狗尾草属	*Setaria* sp.			35			
黍亚科　马唐属	*Digitaria* sp.						
黍亚科　黍亚科	Panicoideae			8			5
黍亚科　黍亚科 A	Panicoideae (A type)						
早熟禾亚科	Pooideae						
其他杂草	Other weeds						
豆科　豆科	Fabaceae			34		5	
豆科　豆科残块	Fabaceae frags						
苋科　藜属	*Chenopodium* sp.				2		
苋科　猪毛菜属	*Salsola* sp.						
苋科　苋属	*Amaranthus* sp.						
苋科　蓼科	Polygonaceae						
马齿苋科	Portulacaceae						
未鉴定壳残片	unidentified husk frags						
未鉴定	unidentified seeds			1			
合计	Total counts	17	0	2109	4	30	106

P19	P2	P202	P211	P226	P231	P235	P239	P24	P240	P247	P250	P254	P255
F1	H2	H1	H1	H1	H1	H1	H1	F1	H1	H1	H1	H1	H1
13.5	15	4	18	14.5	9	11	10	10	5	11.5	10.5	5	11
2.1	34.6	3.9	31.4	11	2.5	18.7	26.7	2.4	5.8	6.2	7.4	1	6.2
1	150	346	7	988	48	23	48		76	3	15		8
	61	198	1	189	7	6	9		27	5	11		4
	11	14	1	24	1	1			9	1		1	
	2			5			4		3			1	
	16	70	2	184	2	3	2		26		6	6	
	18	33	2	86	8	4	5		34	1	10		4
	7	3		13		3	2		6		1		
									2			5	
	8	1		29		5	3		47			5	1
						1			32				
	9	20		10		3	4		7			7	
			1										
									4			1	
	64	6	1	29		3	2		10	1			3
			1										
	7		1			1	2		9				
1													
									3				
	1								1				
	1			1			2		1	1			
2	355	691	17	1558	66	53	83	0	297	12	43	26	20

续附表 2

样品号		Sample No.	P255	P256	P258	P260	P262	P264	P271
单位		feature	H2	H1	H1	H1	H1	H1	Y1
土样量		Sample vol (L)	9.5	12	13	13	6	6	14
重量		Flot weight(g)	4.1	29.2	41.5	29.1	10.5	1.2	5.7
作物类		Cereals							
粟	粟	*Setaria italica*	4	84	1782	67	132	1	21
	残粟	*Setaria italica* frags		31	286	23	52	1	10
	不成熟粟	*Setaria italica* immature	2	6	119	5	9		1
	不成熟粟残片	*Setaria italica* immature frags							
	极不成熟粟	*Setaria italica* immature		1	64				
黍	黍	*Panicum milliaceum*		6	382	3	29		12
	残黍	*Panicum milliaceum* frags		12	126	6	24	1	4
	不成熟黍	*Panicum milliaceum* immature		1	22		11	1	
稻	稻米	*Oryza sativa*			6				
	不成熟稻	*Oryza sativa* immature			17				
	稻残片	*Oryza sativa* frags			16				
	稻穗轴	Oryza spikelet base			13				
小麦	小麦	*Triticum aestivum*							
	小麦残片	*Triticum aestivum* frags							
大豆	大豆	*Glycine max*							
果实类		Fruits							
蔷薇科	悬钩子属	*Rubus* sp.							
禾本科杂草		Grasses							
黍亚科	狗尾草属	*Setaria* sp.	1		312	4	7		3
	马唐属	*Digitaria* sp.			82				
	黍亚科	Panicoideae		2	68	2	10		
	黍亚科 A	Panicoideae (A type)			16		5		
早熟禾亚科		Pooideae		1	1	1			
其他杂草		Other weeds							
豆科	豆科	Fabaceae		4	50	20	5		6
	豆科残块	Fabaceae frags							
苋科	藜属	*Chenopodium* sp.							
	猪毛菜属	*Salsola* sp.							
	苋属	*Amaranthus* sp.							
	蓼科	Polygonaceae			51				
马齿苋科		Portulacaceae							
未鉴定壳残片		unidentified husk frags			1				
未鉴定		unidentified seeds		7		1	4		
合计		Total counts	7	206	3363	132	288	4	57

P277	P279	P284	P289	P29	P297	P3	P300	P316	P321	P322	P33	P34	P35
F1	Y1	H1	H1	F1	H2	H1	H1	H1	H1	H1	H2	F2	F1
10	19	14.5	14.5	11	11	16	8	7	14	9	15	11	12
11.8	59.5	7.6	30.1	13.7	16.4	2.6	11.8	47.5	10.5	12.1	5.4	7.3	15.9
44	11	18	57		92	29	7	106	946	12	33	13	91
11	7	5	17	1	38	2	7	13	530	6	13	10	31
1		2	1		10		2	5	29	2	4		1
								2	8				
5		3	9		9	6	15	4	154	5	5	1	8
5	3	2	13		11		5	3	131		6	2	6
	1	1	1		4	2	2						8
			1										
12					7		5	4	14	1		2	3
5	1				5	1	2		3	2			
1								1					
			1										
11	1	3	7		12	4	4	29	43	3	3	2	19
					3		2			4	1		1
					1								
		1			1		1	3					
95	24	35	107	1	193	44	52	170	1858	35	65	30	168

续附表 2

样品号	Sample No.	P35	P36	P36	P4	P4	P42	P42
单位	feature	H1	F1	H2	F1	灰层	F1	F2
土样量	Sample vol (L)	14	28	11	12	13	12	27
重量	Flot weight(g)	22	38.6	30.6	10.6	13.4	9.1	16
作物类	Cereals							
粟 粟	*Setaria italica*	39	57	251	69	44	60	13
粟 残粟	*Setaria italica* frags	13	26	40	25	6	23	18
粟 不成熟粟	*Setaria italica* immature	2	7	20	6		4	3
粟 不成熟粟残片	*Setaria italica* immature frags							
粟 极不成熟粟	*Setaria italica* immature		2	2	1			
黍 黍	*Panicum milliaceum*	4	3	34	9	7	4	7
黍 残黍	*Panicum milliaceum* frags	4	6	24	2	8	11	1
黍 不成熟黍	*Panicum milliaceum* immature	2		6	2	4		
稻 稻米	*Oryza sativa*							
稻 不成熟稻	*Oryza sativa* immature							
稻 稻残片	*Oryza sativa* frags							
稻 稻穗轴	Oryza spikelet base							
小麦 小麦	*Triticum aestivum*							
小麦 小麦残片	*Triticum aestivum* frags							
大豆 大豆	*Glycine max*							
果实类	Fruits							
蔷薇科 悬钩子属	*Rubus* sp.							
禾本科杂草	Grasses							
黍亚科 狗尾草属	*Setaria* sp.	2	2	36	8	3	2	
黍亚科 马唐属	*Digitaria* sp.			11	5			
黍亚科 黍亚科	Panicoideae	1	3	8	2		2	
黍亚科 黍亚科 A	Panicoideae (A type)							
早熟禾亚科	Pooideae		1	1				
其他杂草	Other weeds							
豆科 豆科	Fabaceae	7	7	13	16	14	9	4
豆科 豆科残块	Fabaceae frags							
苋科 藜属	*Chenopodium* sp.	3				3		23
苋科 猪毛菜属	*Salsola* sp.							
苋科 苋属	*Amaranthus* sp.							1
苋科 蓼科	Polygonaceae							
马齿苋科	Portulacaceae							
未鉴定壳残片	unidentified husk frags							
未鉴定	unidentified seeds		3			1	1	
合计	Total counts	77	117	446	145	90	116	70

P5	P52	P56	P65	P71	P71	P71	P73	P75	P77	P83	P86	P92	P95
H1	H10	F3	H1	H1	H2	H4	F1	H1	Y1	H1	H1	H1	H1
19.5	39.5	13	12	23.5	11	12	10	11	17	15	15.5	13	12
17.2	35.9	22.9	14.6	22.7	3.9	15.3	8.7	6.6	73.8	17	13.1	0	48.3
29			286	52	26	7	57		4	3	87	2	289
20		1	107	160	15	5	12	1	2	4	28	1	149
3			12	7						1	5	1	31
			1								1		4
6			27	19	4	2	8			1	12		7
2			16	20	2	1	4		1	2	2		1
1			6	5	1	1	1		1		4		3
													1
6			4	28	1					1	6	1	27
			3										2
2	1		5	4			2		1	1	5		11
				1							2		8
	7			2									82
16			194	21	9		20		1	1	24	2	43
						1							
6	137							9	3		2		9
				1									
													7
	2												
			1										
1	1		1	2			2						6
92	148	1	663	322	58	17	106	10	13	14	178	7	680

参考文献

考古资料：

北京大学考古系、甘肃省文物考古研究所：《甘肃省葫芦河流域考古调查》，《考古》1992 年第 11 期。

北京大学考古实习队、固原博物馆：《隆德第河子新石器时代遗址发掘报告》，《考古学研究（三）》，科学出版社，1997 年，第 158~195 页。

北京大学考古学系、宝鸡市考古工作队：《陕西麟游蔡家河遗址龙山遗存发掘报告》，《考古与文物》2000 年第 6 期。

长江流域规划办公室考古队甘肃分队：《白龙江流域考古调查简报》，《文物资料丛刊（2）》，1978 年。

陈星灿、刘莉、李润权等：《中国文明腹地的社会复杂化进程——伊洛河地区的聚落形态研究》，《考古学报》2003 年第 2 期。

成都平原国际考古调查队：《成都平原区域考古调查（2005~2007）》，《南方民族考古》第六辑，科学出版社，2010 年，第 255~278 页。

赤峰考古队：《半支箭河中游先秦时期遗址》，科学出版社，2002 年。

赤峰中美联合考古研究项目：《内蒙古东部（赤峰）区域考古调查阶段性报告》，科学出版社，2003 年。

岱海中美联合考古队：《2002 年、2004 年度岱海地区区域性考古调查的初步报告》，《内蒙古文物考古》2005 年第 2 期。

国家文物局：《中国文物地图集：甘肃分册》，测绘出版社，2001 年。

甘肃省文物管理委员会：《渭河上游天水、甘谷两县考古调查简报》，《考古通讯》1958 年第 5 期。

甘肃省文物管理委员会：《甘肃渭河上游渭源、陇西、武山三县考古调查》，《考古通讯》1958 年第 7 期。

甘肃省博物馆：《甘肃西汉水流域考古调查简报》，《考古》1959 年第 3 期。

甘肃省博物馆：《甘肃古文化遗存》，《考古学报》1960 年第 2 期。

甘肃省博物馆考古队：《甘肃灵台桥村齐家文化遗址试掘简报》，《考古与文物》1980 年第 3 期。

甘肃省文物工作队、北京大学考古学系：《甘肃甘谷毛家坪遗址发掘报告》，《考古学报》1987 年第 3 期。

黑龙江省文物考古研究所：《七星河——三江平原古代遗址调查与勘测报告》，科学出版社，2004 年。

李菲、李水城、水涛：《葫芦河流域的古文化与古环境》，《考古》1993 年第 9 期。

李政：《国家文物局"十三五"跨区域综合性考古研究项目简介》，《中国文物报》2017 年 7 月 14 日第 5 版。

宁夏回族自治区博物馆：《宁夏固原海家湾齐家文化墓葬》，《考古》1973 年第 5 期。

裴安平：《澧阳平原史前聚落形态的研究与思考》，《庆祝张忠培先生七十岁论文集》，科学出版社，2004 年，第 192~242 页。

平凉地区博物馆：《平凉文物》，1982 年。

任步云：《甘肃秦安县新石器时代居住遗址》，《考古通讯》1958 年第 5 期。

陕西省考古研究院、西北大学文博学院：《宝鸡石嘴头遗址 1999 年发掘简报》，《考古与文物》2008 年第 2 期。

陕西考古所渭水队：《陕西凤翔、兴平两县考古调查简报》，《考古》1960 年第 3 期。

石家河考古队：《石家河遗址调查报告》，《南方民族考古》第五辑，四川科学技术出版社，1993 年，第 213~294 页。

石璋如：《关中考古调查报告》，《历史语言研究所集刊》第 27 本，第 205~323 页。

吴金鼎、曾昭燏、王介忱：《云南苍洱境考古报告》，国立中央博物院专刊，1942 年。

西安半坡博物馆：《陕西岐山双庵新石器时代遗址》，《考古学集刊（3）》，中国社会科学出版社，1983 年，第 51~68 页。

西北大学历史系考古专业 82 级实习队：《宝鸡石嘴头东区发掘报告》，《考古学报》1987 年第 2 期。

西北大学文博学院考古专业：《扶风案板遗址发掘报告》，科学出版社，2000 年。

徐旭生：《1959 年夏豫西调查"夏墟"的初步报告》，《考古》1959 年第 11 期。

雍城考古队：《陕西凤翔县大辛村遗址发掘简报》，《考古与文物》1985 年第 1 期。

云南省文物考古研究所、美国密歇根大学人类学系：《云南滇池地区聚落遗址 2008 年调查简报》，《考古》2012 年第 1 期。

中国国家博物馆考古部：《垣曲盆地聚落考古研究》，科学出版社，2007 年。

中国国家博物馆田野考古研究中心、山西省考古研究所、运城市文物保护研究所：《运城盆地东部聚落考古调查与研究》，文物出版社，2011 年。

中国社会科学院考古研究所：《三门峡漕运遗迹》，科学出版社，1959 年。

中国社会科学院考古研究所：《沣西发掘报告：1955~1957 年陕西长安县沣西乡考古发掘资料》，文物出版社，1962 年。

中国社会科学院考古研究所：《武功发掘报告——浒西庄与赵家来遗址》，文物出版社，1988 年。

中国社会科学院考古研究所甘肃工作队：《甘肃武山傅家门史前文化遗址发掘简报》，《考古》1995 年第 4 期。

中国社会科学院考古研究所：《师赵村与西山坪》，中国大百科全书出版社，1999 年。

中国社会科学院考古研究所二里头工作队：《河南洛阳盆地 2001~2003 年考古调查简报》，《考古》2005 年第 5 期。

中国社会科学院考古研究所：《中国考古学·新石器时代卷》，中国社会科学出版社，2010 年。

中美两城地区联合考古队：《山东日照两城地区的考古调查》，《考古》1997 年第 4 期。

中美洹河流域考古队：《洹河流域区域考古研究初步报告》，《考古》1998 年第 10 期。

钟侃、张心智：《宁夏西吉县兴隆镇的齐家文化遗址》，《考古》1964 年第 5 期。

钟侃：《宁夏固原店河齐家文化墓葬清理简报》，《考古》1987 年第 8 期。

周原考古队：《陕西周原七星河流域 2002 年考古调查报告》，《考古学报》2005 年第 4 期。

周原考古队：《2005 年陕西扶风美阳河流域考古调查》，《考古学报》2010 年第 2 期。

研究论著：

陈国梁：《区域系统调查法在我国考古学中的初步实践》，《三代考古（二）》，科学出版社，2006 年，第 540~545 页。

陈小三：《河西走廊及其邻近地区早期青铜时代遗存研究》，吉林大学博士学位论文，2012 年。

方辉：《对区域系统调查法的几点认识与思考》，《考古》2002 年第 5 期。

国家发展改革委、水利部、农业部等：《黄土高原地区综合治理规划大纲（2010—2030 年）》，2010 年。

籍和平：《从双庵遗址的发掘看陕西龙山时代的有关问题》，《史前研究》1986 年第 1 期。

胡谦益：《试论齐家文化的不同类型及其源流》，《考古与文物》1980 年第 3 期。

李虎：《甘肃东部齐家文化时期考古遗址木炭遗存分析》，兰州大学硕士学位论文，2013 年。

李虎、安成邦、董惟妙等：《陇东地区齐家文化时期木炭化石记录及其指示意义》，《第四纪研究》2014 年第 34 卷第 1 期。

李晓斌、张旺海：《甘肃齐家文化玉器研究》，《陇右文博》2009 年 2 月。

梁星彭、李森：《陕西武功赵家来院落居址初步复原》，《考古》1991 年第 3 期。

梁星彭：《试论客省庄二期文化》，《考古学报》1994 年第 4 期。

林汝法、柴岩、廖琴等：《中国小杂粮》，中国农业科学技术出版社，2002 年。

栾丰实：《聚落考古田野实践的思考》，《考古学研究（九）》，文物出版社，2012 年，第 787~800 页。

裴文中：《甘肃史前考古报告》，《裴文中史前考古学论文集》，文物出版社，1987 年，第 208~255 页。

钱林清：《黄土高原气候》，气象出版社，1991 年。

任瑞波、陈苇：《关于齐家文化的几个基本问题》，《四川文物》2017 年第 5 期。

朔知：《中国的区域系统调查方法辨析》，《中原文物》2010 年第 4 期。

苏秉琦：《关于重建中国史前史的思考》，《考古》1991 年第 12 期。

孙周勇、邵晶：《论寨峁梁房址的建造、使用和废弃》，《考古与文物》2018 年第 1 期。

王辉：《甘青地区新石器—青铜时代考古学文化的谱系与格局》，《考古学研究（九）》，文物出版社，2012 年，第 210~243 页。

王立新、和菲菲：《关于我国区域系统考古调查的几个问题》，《边疆考古研究》2015 年第 1 期。

线琦：《宝鸡石嘴头龙山时代晚期遗存分期及相关问题探讨》，西北大学硕士毕业论文，2006 年。

谢端琚：《试论齐家文化与陕西龙山时代的关系》，《文物》1979 年第 10 期。

谢端琚：《甘青地区史前考古》，文物出版社，2002 年。

严文明：《中国新石器时代聚落形态的考察》，《庆祝苏秉琦考古五十五年论文集》，文物出版社，1989 年，第 24~37 页。

杨剑：《陇东地区史前文化研究》，郑州大学硕士毕业论文，2012 年。

杨文治、余存祖：《黄土高原主要粮作物的生产力及增产技术体系》，见杨文治、余存祖编《黄土高原区域治理与评价》，科学出版社，1992 年，第 73~124 页。

赵潮、潘臻：《考古区域系统调查的理论、实践与反思》，《四川文物》2015 年第 4 期。

赵辉、任海云、贾尧：《晋陕黄土高原区域系统调查方法概述》，《文物世界》2017 年第 6 期。

赵建龙：《新石器时代"泾渭文化区"的类型学划分》，《考古与文物》2005 年第 1 期。

张光直：《考古学专题六讲》，生活·读书·新知三联书店，2013 年。

张天恩、刘军社：《关于客省庄二期文化几个问题的探讨》，《考古与文物》1995 年第 2 期。

张忠培：《客省庄文化单把鬲的研究——兼谈客省庄文化流向》，《北方文物》2002 年第 3 期。

周新郢、李小强、赵克良等：《陇东地区新石器时代的早期农业及环境效应》，《科学通报》2011 年第 57 卷第 4~5 期。

后　记

　　《桥村遗址调查与研究（2018~2019）》是根据桥村遗址 2018、2019 年田野考古调查资料整理完成的考古调查报告。两次田野考古调查及其整理工作均由北京大学考古文博学院与甘肃省文物考古研究所共同完成。本调查项目是国家文物局"考古中国"之"河套地区聚落与社会研究"重大研究项目的一部分。

　　本报告的编写由北京大学考古文博学院张海、甘肃省文物考古研究所周静共同组织完成。具体分工：第一至四、六、七章，张乐城、张海执笔；第五章，陈绰敏执笔；器物线图和拓片由张乐城、戴伟完成；GIS 空间统计分析部分由张海完成。

　　报告编写同时得到了北京大学考古文博学院新石器考古研究室、植物考古实验室以及甘肃省文物考古研究所陈国科研究员的指导和帮助。